Realismo Espírita

ABISMO

Luz que disipa las Tinieblas

SANDRA CARNEIRO

Por el Espíritu
Bento José

Traducción al Español:
J.Thomas Saldias, MSc.
Trujillo, Perú, Febrero 2024

Título Original en Portugués:

"Abismo"

©Sandra Carneiro, 2012

Traducido al Español de la 1ra Edición Portuguesa, Abril 2012

World Spiritist Institute
Houston, Texas, USA

E- mail: contact@worldspiritistinstitute.org

De la Médium

Sandra Carneiro, nacida en mayo de 1963, está casada y vive en la ciudad de Atibaia, SP. A los catorce años, y aun sin conocer los principios espíritas, tuvo su primera experiencia con la psicografía, recibiendo un libro infantil

Posteriormente, después de unos años de dedicarse a los estudios de la Doctrina Espírita, tuvo la oportunidad de iniciar el trabajo de la psicografía a través de la novela "Cenizas del Pasado", dictada por el espíritu Lucius, de quien también recibió las obras Renacer de la Esperanza, Exiliados por Amor y Jornada de los Ángeles. Ya en sociedad con el espíritu Bento José, psicografió las novelas Luz que nunca se va y Luz que consuela a los afligidos.

Participa en las actividades del Centro Espírita Casa Cristã da Prece y del Grupo de Asistencia Casa do Pão – entidad destinada a servir a la comunidad necesitada del barrio Maracanã, en Atibaia –, donde colabora con los hermanos de un ideal evolutivo.

Del Traductor

Jesus Thomas Saldias, MSc., nació en Trujillo, Perú.

Desde los años 80's conoció la doctrina espírita gracias a su estadía en Brasil donde tuvo oportunidad de interactuar a través de médiums con el Dr. Napoleón Rodriguez Laureano, quien se convirtió en su mentor y guía espiritual.

Posteriormente se mudó al Estado de Texas, en los Estados Unidos y se graduó en la carrera de Zootecnia en la Universidad de Texas A&M. Obtuvo también su Maestría en Ciencias de Fauna Silvestre siguiendo sus estudios de Doctorado en la misma universidad.

Terminada su carrera académica, estableció la empresa *Global Specialized Consultants LLC* a través de la cual promovió el Uso Sostenible de Recursos Naturales a través de Latino América y luego fue partícipe de la formación del **World Spiritist Institute**, registrado en el Estado de Texas como una ONG sin fines de lucro con la finalidad de promover la divulgación de la doctrina espírita.

Actualmente se encuentra trabajando desde Peru en la traducción de libros de varios médiums y espíritus del portugués al español, habiendo traducido más de 290 títulos así como conduciendo el programa "La Hora de los Espíritus."

Índice

Prefacio 8
Capítulo 1 10
   Sueño recurrente 10
Capítulo 2 15
   Difícil recomenzar 15
Capítulo 3 21
   En la oscuridad 21
Capítulo 4 27
   El escenario de la infelicidad 27
Capítulo 5 34
   Resistiéndose a la verdad 34
Capítulo 6 43
   Por fin una pista 43
Capítulo 7 50
   Profundizando en el pasado 50
Capítulo 8 57
   En el valle de las sombras 57
Capítulo 9 64
   El rescate 64
Capítulo 10 73
   Entre la luz y la oscuridad 73
Capítulo 11 80
   Dulce retorno 80
Capítulo 12 86
   Placer que dura poco 86
Capítulo 13 91

  Elección de cada uno 91
Capítulo 14 99
  Bendita oportunidad 99
Capítulo 15 105
  Volviendo a la carne 105
Capítulo 16 111
  La lucha contra la depresión 111
Capítulo 17 118
  Marcas de rebeldía 118
Capítulo 18 125
  En la comodidad del hogar 125
Capítulo 19 133
  Enfrentando la realidad 133
Capítulo 20 139
  Compromiso aceptado 139
Capítulo 21 147
  Transcomunicación 147
Capítulo 22 156
  La nueva oportunidad 156
Capítulo 23 165
  Vínculos perturbadores 165
Capítulo 24 173
  Triunfo del bien 173
Capítulo 25 181
  Perdón Incondicional 181
Capítulo 26 189
  El trabajo continúa 189

Extras 192
    UMBRAL 192
    NUESTRO HOGAR 194
    VAMPIRISMO 195
    ADOCTRINAMIENTO 198
    FORMAS PENSAMIENTO 199
    PROGRAMACIÓN RENCARNATORIA 201
    TRANSICIÓN PLANETARIA 202
    DIFERENCIAS SOCIALES 203
    PROCESO DE ENCARNACIÓN 204
    PREDISPOSICIÓN A LA DEPENDENCIA QUÍMICA ... 207
    TRANSCOMUNICACIÓN 209
    EURÍPEDES BARSANULFO 210
    HEIGORINA CUNHA 213

Prefacio

VENGO UNA VEZ MÁS A HABLAR directamente a los jóvenes, a quienes dedico profundo cariño y mis mejores deseos de felicidad y éxito. Estoy muy preocupado por estos queridos hermanos que inician su marcha por la Tierra con el impulso y la confianza que lo tienen todo en sus manos, que todo lo pueden.

Dirijo mis palabras y mis esfuerzos a los niños, con la esperanza que puedan caminar solos victoriosamente, dando pasos seguros y firmes por el camino del bien. Yo también he atravesado, lleno de ilusión y determinación, esa fase notable y decisiva en la que nos lanzamos a la vida con ganas de abrazarlo todo y cambiarlo todo. Es natural. Pero eso, entre los muchos sentimientos que aprecian, los más jóvenes nunca se olviden el amor a Dios y al prójimo, síntesis de los valores que les aportarán sabiduría para las resoluciones a tomar. Se pueden evitar atajos difíciles y dolorosos, y aprovechar al máximo la existencia, en toda su belleza y emoción, con solo aprender a amar y respetar las leyes divinas.

Finalmente, me hago eco de las reflexiones de Emmanuel: *La juventud se puede comparar con la salida esperanzada de un barco para un viaje importante. La infancia fue la preparación para el ocio, la vejez será la llegada a puerto. Todas las fases requieren las lecciones de marineros experimentados, el aprendizaje para organizar y finalizar el viaje con el éxito deseado.*

A todos los jóvenes, mi esperanza es que la vida sea un viaje hermoso y largo, lleno de aventuras, desafíos y alegrías, y que al final del viaje cada uno se sienta realizado y feliz por las decisiones que tomó.

Que Jesús os bendiga y os guíe.

Bento José

Atibaia, junio de 2011

Capítulo 1

Sueño recurrente

COMENZABA A OSCURECER. Sentados en un sendero estrecho, que terminaba justo delante en la selva amazónica, dos jóvenes buscaban aliento para continuar. Volteando la cantimplora casi vacía y tomó los últimos sorbos de agua; estaba sediento. Rubens le arrebató el cuenco de las manos y gritó:

— ¿Qué estás haciendo? ¡¿No ves que tenemos que guardar esta agua, la única que nos queda?!

— ¿Quieres que me muera de sed?

El muchacho comprobó que se había acabado el agua y arrojó la cantimplora a sus pies.

— Vamos, tenemos que continuar.

— Estoy cansado... y no quiero ir al bosque... tengo miedo...

La agarró por los brazos y lo arrastró enérgicamente.

— Vamos, tenemos que escondernos en el bosque.

— ¿Dónde están mis padres? ¿Y los tuyos? Donde fueron a parar? ¡Quiero encontrarlos, Rubens, tengo mucho miedo!

Los dos todavía estaban hablando cuando los sonidos de disparos resonaron secamente, en medio del ruido de los pájaros al final del día. Luego, gritos y más disparos.

Matilde saltó y juntos se hundieron en el espeso bosque. Mientras corrían, ella preguntó:

– ¿Qué quieren los soldados?

– Finalmente, nuestro movimiento.

– ¡No puedes hacer eso! No son más que criminales al servicio del gobierno...

– ¿Pensaste que se quedarían callados, viendo crecer el movimiento, ganar fuerza? Quieren controlarlo todo:...

La joven se detuvo, respirando con dificultad. Rubens insistió:

– Vamos, camina. No podemos parar ahora, o nos alcanzarán...

– No estoy aguantando...

El ruido de los soldados aumentó de repente. Se acercaron rápidamente. Eran muchos, cientos de ellos. Los dos, paralizados, escucharon claramente las órdenes gritadas.

– ¡Encuentren a los miserables!¡No dejen a nadie con vida! ¡Elimínenlos! Disparen sin dolor y sin preguntas. Ninguno de estos malditos rebeldes debe sobrevivir.

Desde donde estaba agachada, Matilde vio a lo lejos el pañuelo que llevaba su madre cuando huyó. Era inconfundible. Estaba tirado en el suelo, roto y sucio. Justo delante, el brazo de la mujer apareció inmóvil entre el follaje. Entre lágrimas y apretando los dientes, tartamudeó:

– ¡Es mi madre, la mataron!

Se levantó y corrió en esa dirección, removiendo las hojas alrededor. Cuando se acercó, comprobó lo que temía. La madre acababa de morir. Se levantó furiosa. Estaba a punto de gritar, cuando una mano fuerte le tapó la boca y fue arrastrada hacia el bosque.

Rubens permaneció agachado y la perdió de vista. Quería correr tras ella, pero los perseguidores se acercaban cada vez más.

Se acostó bajo un tocón y permaneció inmóvil hasta que desaparecieron. Pasó la noche allí mismo, rezando para que ninguno de los peligrosos animales del bosque lo atacara. Por la mañana siguió las huellas que supuso eran las de Matilde. Encontró un grupo de rebeldes que se habían dispersado, huyendo de los soldados. Se unió a ellos, respaldando la animosidad que sentían hacia el gobierno. Estaban locos de odio, ahora que varios de ellos habían sido asesinados cobardemente por soldados – al igual que la madre de Rubens y la madre de Matilde, su mejor amiga.

– ¡Pongamos fin a este gobierno! – Gritó Diego, quien pronto se convirtió en el líder de aquel pequeño grupo.

Uno de ellos se rio.

– Somos un grupo de débiles andrajosos. ¿Cómo luchar contra el ejército nacional? ¡Tienen armas poderosas que nosotros no estamos en condiciones de afrontar!

Mientras enterraban a algunos de sus amigos, Diego declaró confiadamente:

– Seremos la resistencia más grande y llena de humo que jamás se haya reportado en este país.

– ¿Cómo resistir? – Insistió el otro.

– Compraremos armas tan poderosas como las de ellos, y les daremos las mismas balas que nos alcanzaron a nosotros.

– ¿Y de dónde sacaremos el dinero?

Sacando de su bolsillo un manojo de hojas de coca, las trituró y dijo:

– No se preocupe. Sé muy bien de dónde sacar primero el dinero y luego las armas.

Se subió a una roca y gritó a todo pulmón, levantando el manojo de hojas:

–¿Quieren estar conmigo? ¿Quieres acabar con los lustraditos que creen que pueden mandarte en todo? ¡Estos imperialistas también tienen que pagar! Y les quitaremos el dinero.

– ¿Cómo? – Gritó alguien entre la multitud. Mostrando las hojas, aseguró:

– Nos darán todo lo que queramos... ¡Únanse a mí y seremos la mayor fortaleza de esta nación!

SERGIÑO SENTADO EN LA CAMA, sudaba frío.

Había tenido ese sueño repetidamente y no sabía lo que significaba. Sentía como si hubiera participado en esa persecución y todo eso... Sin embargo, cuando despertó, los recuerdos se desvanecieron...

Lívia llamó y entró.

– Buenos días.

– Buenos días – respondió algo de mal humor.

– Pensé que hoy despertarías más emocionado. Después de todo, estabas tan ansioso por comenzar tu búsqueda...

Sergiño se acordó de su novia y saltó de la cama.

– ¡Paula! ¡Es verdad! Incluso lo había olvidado...

–¿Te olvidaste?

– Tuve ese sueño otra vez.

– ¿El del bosque?

– Ese. De vez en cuando siempre sueño con lo mismo... Qué raro... ¿Qué puede significar, Lívia?

– Los sueños pueden tener distintos orígenes; incluso pueden ser recuerdos del pasado.

– ¿Será? No me identifico con nadie entre los que he soñado...

–¿Estás seguro? – Dije seriamente al hacer la pregunta.

A pesar de fijar su mirada en su prima, la mente del chico estaba muy alejada de los personajes que acababa de soñar. Luego ella lo sacó de sus pensamientos:

– Vamos, Mesías nos espera; va a ir a la corteza con nosotros en busca de Paula.

Capítulo 2

Difícil recomenzar

LA HABITACIÓN ESTABA EN OSCURIDAD, solo un rayo de luz entraba por el hueco de la cortina entre la abertura. Al son de su cantante favorita, que llenaba la habitación con una voz clara, Patrícia, tumbada en el sofá, su cuerpo estaba inerte y su mente vagaba sin rumbo. De vez en cuando cogía el vaso y bebía su contenido a grandes tragos. Su mayor esfuerzo fue ir al frigorífico y coger otra cerveza. Esparcidos por todas las habitaciones del apartamento, se multiplicaron las latas vacías.

Arnaldo giró la llave de la puerta y entró, encontrando nuevamente a su esposa entregada a la depresión. Sin detenerse, se dirigió directamente a su habitación. Desde la muerte de Paula no habían compartido el dormitorio.

La música se detuvo por un momento y luego la televisión, con volumen exagerado, comenzó a mostrar un viejo show de Elis Regina. Patrícia ahora cedió más profundamente a la melancolía y la tristeza. Había notado la llegada de su marido, quien la trataba con total desprecio. Ya casi no hablaban.

El hermoso y sofisticado departamento, ubicado en Alto de Pinheiros, en la capital de São Paulo, tenía latas y botellas de bebidas por todas partes. Cuando entró Sergiño, seguido de Lívia, Mesías, Arnaldo y Sonia, se sintió apenado. Frente al instructor que cariñosamente lo acompañaba desde la Colonia espiritual, se justificó:

– Por eso, Mesías, sentí tanta necesidad de venir al rescate de esta familia... La situación es lamentable...

Mesías permaneció en silencio, en oración. Sergiño, después de observar atentamente todo lo que le rodeaba, miró a su prima y le preguntó:

– No entiendo por qué cede a la depresión. ¿Por qué no busca ayuda?

– La fe es una bendición, Sergiño, y en los momentos más difíciles nos sostiene y nos ayuda a encontrar el camino. Es lo que le falta a Patrícia. Carga una enorme culpa y se cobra por lo que le pasó a su hija. Además, su marido también la acusa, aunque sin pronunciar palabra.

– Pero, ¿por qué?

– Ella no sabía cómo darle a Paula lo que debía. De hecho, la rechazó desde el principio. Sentía atracción y repulsión por la niña, desde temprana edad.

Lívia interrumpió la explicación y pidió a Sergiño que también permaneciera en oración. Arnaldo, que ya se había cambiado de ropa, entró en la habitación y arrebató violentamente el vaso de las manos de su esposa. Muy enojado gritó:

– ¡Ya no soporto esta situación!

– ¡Cállate! – Patrícia lo encaró –. No me mandas. Todo esto me pertenece. Tienes que aguantarme... Sabes que no puedes pedirme nada. Soy dueña de todo lo que poseemos. Ahora dime: ¿qué harás? ¿Tienes intención de separarte de mí? ¿Y correr el riesgo de perder la buena vida?

Hizo una breve pausa, volvió a coger el vaso y se dejó caer en el sofá. Luego continuó:

– No querido. Sé que tu ambición no te permite adoptar esta actitud. Así que vuelve a tu esquina y déjame en paz con mi tristeza.

El marido guardó silencio unos instantes; luego dijo, sinceramente interesado:

— Después de todo, ¿por qué todo este sufrimiento? Nunca te preocupaste tanto por Paula... No tenían una buena relación. Tu hija creció en manos de niñeras, teniéndola rara vez cerca. Te advertí que deberías prestarle más atención a la chica, pero no mostraste ningún interés en pasar más tiempo con ella. Entonces, ¿qué significa este procedimiento?

Incluso entiendo que la extrañes... En cuanto a la depresión, que te deja así postrada, no entiendo. Necesitas de ayuda. ¿Has ido a un psiquiatra?

Patrícia, completamente borracha, respondió:

— No es de tu incumbencia. No eres capaz de entenderme... Nunca lo hiciste.

Ella se alejó y su marido la observó en silencio, hasta que murmuró entre dientes:

— Mujer inútil...

Cuando vio que Arnaldo salía de la casa, miró ligeramente por encima del hombro, con desdén, y gritó:

— No te atrevas a desaparecer nuevamente por varios días, ¿me oyes? O pondré fin a tu ilusión de riqueza...

No hubo respuesta. Él había desaparecido y Patrícia, apretando los dientes, lloró amargamente.

Sergiño, que había contemplado la escena sentado en un rincón de la habitación, se volvió hacia su prima y le comentó:

— Me siento fatal quedándome aquí como espectador, sin hacer nada. Tenemos que ayudar a esta gente...

Angustiado, el chico suspiró. Mesías le advierte firmemente:

— Si realmente quieres hacer algo positivo, primero fortalece tus pensamientos y sentimientos. No te dejes envolver de esta manera por las energías pesadas que dominan y destruyen el hogar de nuestros hermanos. Por supuesto que necesitan ayuda, pero primero necesitan ayudarse a sí mismos. Si no tienes autocontrol les harás daño aun más, acentuando las vibraciones deletéreas que ya dominan esta casa.

Sergiño estrechó afectuosamente la mano de su prima y con una sonrisa miró a los demás integrantes del grupo:

– Me alegro de tenerte a mi lado. Sería imposible hacer nada solo.

– No te subestimes, has progresado... – dijo Lívia con ternura.

– Sin embargo, creo que el aprendizaje es muy lento...

Mesías intervino con calma:

– El crecimiento verdadero es gradual. Sin embargo, una vez que nuestra alma conquista el conocimiento a través de la experiencia, nunca más lo perdemos... Se convierte en parte de nuestro equipaje interior.

El chico volvió a sonreír y observó:

– Como dicen, vale la pena avanzar.

La declaración dio lugar al comentario de Lívia:

– El progreso no es una vergüenza, pero requiere un trabajo consciente y constante, y vale todo nuestro esfuerzo. Las recompensas son muy grandes... Primero surgen dentro de nosotros, para luego llegar al exterior, alterando el paisaje que nos rodea e interfiriendo en nuestras experiencias futuras. Tenemos la libertad de tomar decisiones y siempre cosecharemos los resultados de ellas.

Sergiño guardó silencio por un momento, hasta que miró a su prima y le pidió:

– Oremos por ellos...

Mesías extendió las manos e invitó al grupo a formar un pequeño círculo y aceptó:

– Sí, intercedamos por nuestros hermanos.

El coordinador del equipo permaneció brevemente en silencio y luego pronunció una oración sencilla y emotiva. Las entidades del pequeño grupo fueron poco a poco envueltas en una luz brillante, debido al amor que intercambiaban. Como un poderoso dinamómetro, las amorosas vibraciones aumentaron, generando luz por todas partes. Incluso antes que Mesías terminara la breve oración, la atmósfera se volvió más oscura. Se empezaron a ver figuras ennegrecidas caminando. Algunos llevaban pesadas capuchas que ocultaban sus rostros, otros tenían ojos enojados y un aspecto completamente descompuesto; eran como harapos humanos, llenos de odio. De repente, la atmósfera se volvió aun más densa. Fue así que Mesías advirtió:

– Es tiempo de salir.

Sergiño estaba tratando de decir algo, cuando su corazón comenzó a latir salvajemente, su voz se detuvo en su garganta y su respiración se interrumpió. Salieron. Solo cuando llegaron a una región más lejana, en el campo, Mesías rompió el silencio y preguntó al muchacho:

– ¿Te sientes mejor?

– ¿Qué fue eso?

– Estas son las compañías con las que nuestros hermanos sintonizan a través de hábitos mentales.

– ¡Caramba! ¡Fue horrible! Que seres tan terroríficos...

Lívia colocó su dedo en la boca de su primo, impidiendo que continuara, y aclaró:

– Son nuestros hermanos que todavía no pueden ver la luz. La influencia que tienen en la familia es acogida sin resistencia y establecen un perfecto intercambio de fluidos, alimentándose unos a otros.

Abatido y con voz temblorosa, Sergiño dijo:

– Y ahora, ¿cómo podemos ayudarlos? ¿Y cómo vamos a ayudar a Paula? ¿Dónde está ella en este momento? ¿Y bajo qué condiciones?

Mesías y Lívia intercambiaron una mirada expresiva, sin decir una palabra.

Capítulo 3
En la oscuridad

ROMPIENDO UN PROLONGADO silencio, Mesías miró a Sergiño a los ojos y trató de averiguar:

– Después de lo que acabas de vivir, ¿crees que estás preparado para este trabajo? Puede que la situación tarde un tiempo en mejorar...

Sin apartar la mirada, el chico consideró, indagando en lo más profundo de su ser:

– Han pasado algunos años desde que dejé el cuerpo físico. Estoy mejorando cada día, aprendiendo mucho. Gracias a tu acogida y apoyo, especialmente de Lívia. He estado progresando. ¿Cómo olvidar que soy responsable de la muerte de Paula y dejarla cada vez más atrás? Ya no puedo soportar la culpa... tengo que encontrarla... y ayudarla.

– Eso si ella acepta, querrás decir.

– ¿Y por qué no lo aceptaría?

Mesías guardó silencio por un segundo. En seguida miró a Lívia y dijo:

– Deberíamos ir al Puesto de Socorro al que nos dirigimos, envía un pedido de asistencia.

El grupo se fue. Pronto el panorama cambió radicalmente. A su alrededor, una niebla gris envolvía el ambiente. Muchos espíritus cruzaron frente a la pequeña caravana, sin registrar su presencia.

A medida que avanzaban, el ambiente se volvía más denso y oscuro. La respiración de Sergiño se volvió jadeante, le faltaba oxígeno. Lívia se dio cuenta y consultó al Mesías:.

– ¿No sería mejor que paráramos un rato? Sergiño tiene dificultad para respirar.

El instructor miró a su alrededor y reflexionó:

– Es mejor continuar hasta llegar a nuestro destino. ¿Aun tienes medios para continuar, Sergiño?

– Sí, lo creo – respondió, intentando recuperar el autocontrol.

– Entonces vamos. Si lo encuentras insoportable, háganoslo saber y nos detendremos.

– Mantengan sus pensamientos fijos en Jesús y oren mientras caminan – recomendó Lívia. – Eso los aliviaría.

Sergiño aceptó la sugerencia de su prima y siguió adelante, alcanzando el grueso Umbral de la Tierra. Era una región de fuertes vibraciones; hasta el aire parecía gris, el joven inexperto sentía que poco a poco su cuerpo espiritual se iba volviendo más grueso, dificultando incluso el movimiento de sus piernas. Se esforzaba al máximo, pero fue cada vez iba más lento. De repente, lo invadió un fuerte vértigo y se habría desmayado de no haber sido por la presencia siempre amigable de Lívia, quien lo abrazó y le preguntó:

– Creo que tendremos que parar ahora; Sergiño no se encuentra nada bien.

Lo colocó en un rincón, donde el muchacho, cada vez más aturdido, balbuceó:

– Necesito descansar... creo que lo haré...

Mesías se acercó y le aplicó pases, en una generosa transfusión de energía. Sergiño mostró una mejora inmediata y el asesor dijo:

– Nos quedaremos aquí unos minutos para que descanses, pero pronto tendremos que seguir adelante.

Luego miró a su alrededor y dijo:

– Se acerca una violenta tormenta que también afectará a la corteza terrestre.

El grupo observó las nubes oscuras que se acercaban; Soplaba un viento helado y los relámpagos cortaban el cielo. Sergiño comentó, poniéndose de pie:

– Esto da demasiado miedo... Y vámonos. Caminemos... ya estoy mejor.

Reanudaron su camino, mientras Sergiño recordaba la fase de angustia que había vivido inmediatamente después de su muerte. Escucharon gritos aterradores de odio, tristeza, angustia y angustia. Rodeado del ambiente, el joven sintió pequeños pinchazos en el pecho, justo en el lugar cicatrizado donde había sufrido el mayor impacto en el cuerpo en el accidente que le quitó la vida física. Estaba asustado. No había tenido esos sentimientos antes... Esos momentos de sufrimiento y soledad nunca habían resurgido en su mente con tanta claridad, ni habían causado una impresión tan fuerte.

Se detuvieron frente a lo que parecía un puente estrecho sobre un río de aguas negras. Seres vestidos con harapos se reunieron en pequeños grupos, algunos tirados en el suelo, gimiendo y llorando, otros peleando, atacándose unos a otros, otros gritando pidiendo ayuda, en total desesperación. Sergiño notó que la mayoría de ellos tenían heridas visibles, de enfermedades y heridas abiertas, de donde todavía manaba sangre... Quedó en shock. Miró a su prima, quien adivinando sus pensamientos y sentimientos le advirtió:

– Sigue caminando y ora. Oren – insistió.

Repitió una y otra vez:

– Padre nuestro que estás en los cielos, santificado sea tu nombre...

Después de repetir la oración varias veces, preguntó:

– ¿Pasaremos la noche aquí?

– No, no te preocupes – respondió ella sonriendo –. No muy lejos hay un puesto de socorro. Nos refugiaremos allí.

– Lívia, ¿qué lugar tan oscuro es este? ¿Por qué esta gente sufre así? ¿Por qué se quedan aquí y no los llevan a otros lugares, a ser ayudados?

Sin interrumpir la caminata, la joven explicó:

– Porque no están dispuestos a partir; están atrapados por sus sentimientos, por sus vibraciones, que están en sintonía con este entorno...

– Me gustaría salir rápido de aquí... No recuerdo haber estado en una región tan terrible. El infierno del que siempre he oído parece un parque de diversiones, comparado con lo que veo y siento aquí... Nunca me había sentido tan mal en toda mi vida... No puedo enfermarme... Este horrible olor, me está provocando malestar estomacal.

Mesías se acercó a los dos y les mostró:

– Más allá de ese claro está el Puesto de Socorro donde nos refugiaremos. Vayamos más rápido... Empieza la tormenta.

Aceleraron el paso. Después de casi cuarenta minutos, llegaron a un edificio con enormes paredes y una gigantesca y maciza puerta, que se abrió tan pronto como se pararon frente a ella. Entraron.

Un joven los recibió en la puerta:

– Mesías, ¡qué maravilla verte! – Dijo mientras abrazaba al instructor que los guiaba.

– Y tú, dulce Lívia, hace cuánto... – la abrazó también –. Todos te extrañamos. Desde que llegaste a *Nuestro Hogar* te olvidaste de nosotros... Sé que vivir allí es maravilloso... Es natural habernos dejado tanto tiempo sin tu presencia.

– Bueno, Octavio, no es nada de eso. Tengo mucho trabajo en *Nuestro Hogar*, pero realmente extraño a todos aquí.

Luego de realizadas las presentaciones, Octavio acompañó al grupo comentando:

– La tormenta es cada vez más fuerte.

– Estoy impresionado... ¿Son frecuentes?

– Se ha producido cada vez con más frecuencia y con mayor intensidad. ¡Ya vieras! Con las vibraciones letales que emiten nuestros hermanos encarnados... solo puede empeorar.

Al entrar en la gran sala, dijo:

– Les pediré que traigan algo para que coman ustedes... Lo necesitan. Deberán reponer la energía perdida durante la caminata. Entonces podrán descansar. Creo que solo podrán salir cuando pase la tormenta y por aquí pueden tardar días.

– ¿Está lloviendo, verdad? – Preguntó Sergiño, sorprendido.

– Disminuye un poco, sin detenerse del todo, y luego vuelve a comenzar con redoblada violencia. Pero no te preocupes, eventualmente pasará. Y una vez que termine, podrás continuar. Sean bienvenidos, durante el tiempo que sea necesario.

Mesías agradeció:

– Gracias por tu hospitalidad habitual, Octavio. Mientras estemos aquí, nos gustaría colaborar y aprender bajo su dirección.

Octavio aceptó inmediatamente:

– Está bien. No puedes perder el tiempo, ¿verdad?

– De ninguna manera.

– Estamos muy contentos de contar con su colaboración. Descansa y recupérate, que pronto tendremos mucho trabajo por hacer.

Todavía estaban hablando cuando entró Eustaquio en la sala, diciendo:

– Están intentando entrar en el edificio...

– Activar la protección electromagnética.

Se volvió hacia Sergiño, que lo miraba asombrado, y aclaró:

– Como protección, tenemos que utilizar algunos recursos más intimidantes...

– ¿Por qué no los dejas entrar? – Se sorprendió el chico –. Deben estar asustados por la tormenta... Necesitan ayuda...

– No buscan ayuda; solo quieren protegerse y solo necesitan unos minutos para ejercer su acción destructiva. No podemos permitir que esto suceda. Este es un hospital, un Puesto de Socorro que acoge a cientos de almas que verdaderamente necesitan emprender de nuevo su camino, dejando atrás viejas costumbres... que están dispuestas a iniciar el esfuerzo de superación, de renovación interior. No podemos permitir que este entorno que sustenta a tantas criaturas – que sirvió como abrigo, incluso para mí, cuando llegué aquí, enfermo y balando –, ser destruido por aquellos que solo quieren caos y anarquía.

Haciendo una breve pausa, miró con cariño a los cinco y añadió:

– Siéntense y descansen. Necesito ir y monitorear la situación de cerca.

El grupo se sentó en cómodos bancos y pronto todos comieron una comida ligera y nutritiva.

Capítulo 4

El escenario de la infelicidad

LA TORMENTA PERSISTÍA, ahora un poco más suave. Sergiño y los demás fueron alojados en pequeñas habitaciones individuales, sencillas, pero cómodas, y descansaron después de la comida.

El chico, acostado, escuchó los violentos truenos y vio los relámpagos a través de la ventana, amenazadores. Se volvió de un lado a otro, incómodo. De vez en cuando, terribles gritos de desesperación llegaban desde fuera del edificio. Se tapó los oídos con ambas manos, sintiendo crecer su angustia. Se levantó y fue al cuarto donde estaba Lívia. Cuando estaba a punto de tocar la puerta, la prima dijo:

– Pasa, Sergiño, te estaba esperando.

Entró, se sentó en la cama y preguntó:

– ¿Cómo puedes descansar con esos horribles gritos? Y esos truenos... me siento como en una película de terror. ¿No hay nada que se pueda hacer por esta gente?

Se llevó las manos a la cabeza y empezó a llorar. Lívia acarició su cabello negro y preguntó:

– Vamos a pedir apoyo a Jesús. Este lugar requiere de nuestra parte mucho amor, mucha paciencia, mucha confianza en Dios y en lo que ya hemos aprendido.

Elevó una conmovedora oración al Maestro. Al final, las lágrimas aun corrían por el rostro del chico, pero sus ojos estaban más serenos.

– ¿Te has calmado?

– Un poco.

– Que bueno... Ahora intenta descansar, así podrás ayudar a Octavio. Hay mucho trabajo en este puesto.

Sergiño la besó en la mejilla y se fue sintiéndose mejor. Regresó a la habitación y se acostó nuevamente. Aunque afuera los gritos continuaban, trató de concentrar su mente en los recuerdos de las conferencias que había escuchado, de las experiencias alegres que había tenido junto a Lívia, al mismo tiempo que pedía a Jesús que lo fortaleciera para poder ser útil.

Se relajó y finalmente logró descansar. Al cabo de unas horas, fue su prima quien lo llamó.

La joven apareció en la puerta:

–¿Todo bien, Lívia?

– ¿Descansaste un poco?

– Sí, ahora me siento mejor.

– Excelente. Octavio nos invitó a participar en un grupo de rescate que sale todas las mañanas a recoger a quienes lo necesitan y pueden recibir asistencia.

– ¿Traemos a Paula? ¿Sabes dónde está?

– No nos dijo nada al respecto.

– Pero si Paula estuviera aquí él lo sabría, ¿no?

– Tal vez no. Cuando recibe autorización, sale en busca de unas personas. Aun así, no siempre puede traerlos.

– ¿Puedo ir también?

— Teniendo en cuenta lo que pasó en casa de los padres de Paula, creo que lo mejor es que te quedes.

— Me gustaría mucho ir.

La prima lo miró un momento y admitió:

— Aunque te recomiendo que te quedes, insistirás; así que no voy a desperdiciar argumentos...

— Eso es todo, no desperdicies tu verbo conmigo... Déjalo para los que lo necesitarán, por ahí.

Sabiendo que el chico no tenía idea de lo que le esperaba, simplemente añadió:

— Solo espero que no tengamos que ayudarte a ti también...

— Vamos, Lívia.

Octavio lideró el grupo con otros dos colaboradores, además de Mesías, Sergiño y Lívia. Se fueron. Arnaldo y Sonia se quedaron en el puesto.

No tardaron en llegar a un pantano lleno de gente metida hasta la cintura. El olor era pútrido y Sergiño sintió náuseas al ver la lamentable situación en la que se encontraban aquellos seres.

Incluso antes de acercarse, escucharon maldiciones y agresiones. Acusaciones y lisuras del orden más bajo brotaron de los labios de la gran mayoría de los infelices hermanos allí reunidos.

Con calma, Octavio se acercó y observó con atención. En un rincón, gemía una mujer, con el pelo despeinado, en evidente estado de demencia. La ropa era harapos de las sofisticadas prendas que habían sido en el siglo XVIII. Desde el borde del lodazal, muy cerca del punto donde ella se encontraba, Octavio se agachó y, apartando el pelo de los ojos de su hermana enferma, anunció:

— Vinimos a buscarte, Ángela. Y es hora de irse de aquí.

Sin darle oportunidad de responder, otras tres criaturas la agarraron y comenzaron a gritar:

– ¡Nosotros nos vamos con ella! No creas que te estás volviendo tan loco... ¡Tendrás que llevarnos a nosotros también!

Octavio miró al grupo con profundo respeto y levantó la frente al cielo pidiendo la protección de Jesús. Inmediatamente fue envuelto en una luz, que también irradiaba de él mismo, asustando a los tres, quienes se vieron obligados a soltar a Ángela. Entonces Octavio la tomó en brazos y, con esfuerzo, la sacó del barro. Se alejó del gran estanque, mientras sus asistentes abrían una camilla donde la colocaron. Ella no dijo nada, lloró y gritó, como si ellos no estuvieran allí.

Sergiño quedó impactado por las dolorosas condiciones de esos espíritus. Atento, admiró la afectuosa ayuda de Octavio, quien rodeó con inmenso amor a su hermana enferma y sucia en tan terrible estado. Con dificultad, el chico intentó frenar el disgusto y la aversión que le provocaba la escena. Cuando se disponían a partir, preguntó:

– ¿Y los otros? Hay tantos... ¿No hay nadie más a quien podamos llevar?

Octavio se mostró comprensivo y respondió:

– Desafortunadamente; de ahora en adelante solo llevaremos a Ángela. El resto aun no está listo.

Continuaron. Tras realizar tres rescates más, regresaron a la estación, donde el grupo acompañó a los rescatados, ayudando en las labores de pases, higiene y, finalmente, alojamiento de los recién llegados en camas limpias y acogedoras.

Cuando se dirigían a sus habitaciones, Lívia preguntó:

– ¿Por qué estás tan callado, Sergiño?

– Hay muchas cosas que no entiendo.

Ya consciente de las dudas de su primo, comentó:

– Estudiaste estas regiones mientras te preparabas para la tarea...

— Estudié, sí, pero esto de aquí es mucho más loco de lo que leo en los libros... Las palabras no pueden traducir, ni remotamente, lo que sentí durante el viaje y en este día. ¡Esta región de nuestro planeta es abominable, espantosa y muy infeliz! No tengo adjetivos para clasificar lo que sentí. Y, aunque sé que las personas están aquí por sus elecciones al encarnar, no entiendo por qué la ayuda tarda tanto...

— Lo que más queremos es ayudar a los que sufren. Sin embargo, para que cada persona aproveche al máximo lo que se le ofrece, es necesario estar preparado internamente. Algunos necesitan quemar mucho del fluido nocivo que traen, debido a ideas fijadas en situaciones, hechos, personas y circunstancias que los aprisionan mentalmente, manteniéndolos atados a zonas de sufrimiento.

— ¿Pueden estas criaturas llegar a la corteza terrestre?

— Muchos lo hacen, mientras que otros son llevados allí por entidades que los utilizan con fines indignos. Quienes comprendan mejor su situación espiritual, y tengan mayor conocimiento de la manipulación de las energías y especialmente de la fuerza del pensamiento, no quedarán atrapados en estas regiones. Aunque los habitantes, se desplazan cuando quieren hacia laTtierra y otros puntos del umbral.

— Entonces estas personas que vemos son prisioneros de este lugar...

— Están atrapados por sus sentimientos inferiores, dominados por ellos y, como resultado, quedan atrapados aquí...

Sergiño, agachando la cabeza, lloró conmovido por la desgracia de aquellos hermanos. Luego, secándose las lágrimas, dijo:

— Gracias por ayudarme... Después del accidente, no sé exactamente dónde terminé; lo que sé es que no era un lugar agradable... A veces, los olores y sensaciones de este lugar me recuerdan lo que pasé cuando aun no conocía mi situación... Siento una angustia enorme...

— No hace mucho que dejaste tu cuerpo físico... Tienes que tener paciencia. El aprendizaje se produce de forma gradual. Esta nueva experiencia tuya, en busca de Paula, aunque dolorosa, podría traerte un crecimiento sustancial. Una cosa es estudiar en los libros y otra vivir lo que estudiaste. Todo cambia de forma.

Sonriendo, lo abrazó y le dijo:

— Vamos, Sergiño, deberíamos descansar un poco más. La tarea de rescate en las regiones umbralinas es agotadora.

Adormecido por las tiernas vibraciones de Lívia, se sintió ligeramente renovado y más animado. Cuando llegaron a su habitación, su prima lo miró inquisitivamente:

— ¿Cómo estás?

— Sí, estoy bien, pero me gustaría entender mejor... Me cuesta aceptar cómo son las cosas...

Ella sonrió y respondió:

— Lo sé, lo sé; lo sé bastante por mi temperamento rebelde y...

— Por terquedad... — hablaron ambos al mismo tiempo.

— No olvides que ésta es una de las razones por las que estás desempeñando tus tareas con hermanos encarnados con graves problemas. Esto te servirá sobre todo para aprender de las experiencias de tantos que aun luchan en el cuerpo denso con sus imperfecciones.

— Sufrimos más cuando reconocemos en ellos nuestras propias carencias...

— De hecho, hasta que superemos una determinada dificultad interior, o al menos aprendamos a afrontarla, tendremos reacciones más fuertes cada vez que la afrontemos fuera de nosotros mismos; es decir, en otras personas.

Los truenos resonaron por los pasillos del puesto y Sergiño soltó:

– Esta tormenta que no pasa me pone nervioso... Estos truenos, estos relámpagos, son aterradores... ¿Son también un reflejo de nuestras imperfecciones?

– También. Todo el entorno del Umbral es el resultado de las emanaciones mentales de quienes están aquí y de la vibración general del orbe. Siempre vivimos en el entorno que creamos en nuestra mente, ya sea consciente o inconscientemente.

Se despidieron. Sergiño se tumbó y meditó sobre su experiencia. Todavía podía oler en su nariz el olor insoportable que emanaba de la marisma que habían visitado. La situación de Ángela tampoco salía de sus pensamientos, trayendo inevitablemente el recuerdo de Paula. ¿Cómo estaría ella en ese momento? ¿En qué condiciones? ¿Dónde podrían encontrarla?

Le vino a la mente el rostro de la joven. La imagen que tenía grabada en su memoria era uno de los ensayos de la banda. Parecía tan fuerte, tan independiente... Fue entonces cuando pensó en los ojos de Paula y, de repente, vio lo que nunca antes había notado: tenía una mirada triste, profundamente triste. A pesar de las locuras que hacía, de la adrenalina que buscaba constantemente, se dio cuenta de la angustia y el sufrimiento que escondía en su antigua novia escondía en el alma.

Capítulo 5

Resistiéndose a la verdad

A LA MAÑANA SIGUIENTE, Sergiño se despertó con una decisión: quería aprender para ayudar. Quería encontrar a Paula y haría todo lo posible para ayudarla. La rescataría solo, si fuera necesario. Al encontrarse con Mesías y Lívia, no ocultó su ansiedad:

– Parece que la tormenta se ha calmado, después de todo. ¿Seguimos nuestro viaje?

– Nos quedaremos aquí unos días más. Octavio necesita refuerzos en su equipo, ya que hay noticias de la próxima muerte de un gran número de personas. Es posible que algunos sean traídos aquí. Entonces solicita que nos quedemos.

Se quedó en silencio, molesto. No quería posponer la búsqueda y no le gustaba la idea de quedarse allí por mucho tiempo. Sin embargo, antes que pudiera traducir esos pensamientos en palabras, Mesías aconsejó:

– Siempre que queremos algo, tenemos que pensar primero en lo que podemos dar de nosotros mismos en favor de quienes más lo necesitan. El mensaje cristiano enseña que es dando como se recibe.

Sergiño guardó silencio. Estaban comiendo cuando apareció Octavio e informó:

– Ahora vamos a salir; tenemos mucho trabajo hoy.

Lívia y Mesías se levantaron; Sergiño se mostró interesado:

– Yo también quiero ayudar. ¿Qué puedo hacer? ¿Los acompaño?

– Prefiero que te quedes aquí y colabores con los demás grupos que vendrán a lo largo del día.

El chico asintió y Octavio lo tomó del hombro mientras le agradecía:

– Gracias por tu disponibilidad para ayudarnos. Conozco tu ansiedad por proceder con la búsqueda de tu antigua novia; pero créeme, lo mejor siempre llega a nosotros.

Se fueron. Sergiño, en respuesta a la solicitud, comenzó a ayudar a grupos de ayuda que llegaban con almas en condiciones similares a las de Ángela. Al principio un poco aburrido, poco a poco se integró con sus amigos rescatistas y personas rescatadas y empezó a derrochar amor y cariño, aportando lo mejor que podía.

A mediados del día siguiente llegó un nuevo grupo y, todavía en servicio de emergencia, pronto se identificó con un espíritu casi demente que había sido llevado en camilla. Christian, el joven rescatado, gimió y gritó, luego guardó silencio e intentó levantarse. Los enfermeros de la luz se lo impidieron, se acostó de nuevo y gritó, soñando con ver monstruos aterradores. Tuvo alucinaciones. Luego, con destellos de lucidez, dijo que lo perseguían y pidió que lo ocultaran.

Sergiño quedó inmediatamente conmovido por el drama del chico, que parecía de su misma edad. Lo llevaron a una habitación especial, que parecía más una prisión. Prácticamente desprovista de utensilios, la habitación solo tenía un colchón en el centro, ni sábanas, ni almohadas. Acomodaron al chico, le aplicaron un tratamiento intensivo con pases magnéticos, tratando de calmarlo, y luego le hicieron beber agua con los medicamentos fluidificados.

El paciente se calmó y el grupo se fue, dejándolo solo. Cuando cerraron la puerta, Sergiño, asombrado, preguntó:

— ¿Por qué dejaron al chico en esta celda, sin nada más que un colchón? ¿Por qué ni siquiera tiene una manta para protegerse del frío?

— Necesita estar aislado, sin posibilidad de utilizar nada que pueda hacerle daño – explicó la enfermera Alzira.

— Si ya no está encarnado, ¿qué podrías hacerse contra sí mismo?

— Sus impresiones materiales son muy fuertes y podría utilizar sábanas para mutilarse, bajo la influencia de las alucinaciones que lo dominan.

Observando al chico a través de la reja de la puerta, preguntó:

— ¿Cuál es su problema?

— Es un consumidor de drogas.

— ¿Así? ¿En serio?

— Desencarnó hace algún tiempo, a consecuencia de una sobredosis, y continúa bebiendo drogas a través de jóvenes encarnados a los que induce a consumirlas. Es un verdadero vampiro. Nada menos que cine y series de televisión; es un vampiro invisible a los ojos de los jóvenes encarnados y, por tanto, mucho más peligroso.

— ¿Y cómo terminó aquí?

— Por intercesión de su madre, quien teniendo conocimiento de los principios espirituales, ora por él, buscando ayudarlo. Y también a través de la acción del grupo vibratorio de una casa espírita que, para ayudar una joven dependiente, hija de un frecuentador, hizo posible que el equipo de rescate lo trasladara a una noche de tratamientos espirituales. Se quedó en la casa y, teniendo la oportunidad de manifestarse a través de uno de los médiums, lo durmieron y luego lo trajeron aquí.

– ¿Ayudó con una tarea de adoctrinamiento en la casa espírita?

– Eso mismo. Muchos llegan aquí tomados de falta de voluntad para perturbar hogares o vidas; así, tanto el encarnado perturbado como estos hermanos se encuentran en pésimas condiciones, que aun no son capaces de buscar la luz por su propia voluntad.

Identificándose profundamente con el chico, Sergiño preguntó:

– Me gustaría seguirlo de cerca, ¿es posible?

– Y sí, pero siempre con la supervisión de uno de nosotros; todavía no tienes experiencia y puede, durante el período de desintoxicación, volverse muy agresivo y huir porque no soporta la abstinencia.

Todavía estaban hablando cuando toda la estación tembló.

– ¿Qué fue eso?

– Un ataque. Ven, veamos qué podemos hacer para ayudar.

– ¿Pueden entrar?

– Es muy difícil, pero pueden causar mucho revuelo, incluso intentando atraer a algunos recientes ingresos.

Estaban en camino y Christian empezó a gritar de nuevo:

– ¡Déjame salir! Vinieron a buscarme, quiero ir con ellos.

Sergiño amenazó con volver y el Alzira lo detuvo cogiéndole del brazo.

– No tiene sentido, no podrás convencerlo con palabras. Está alucinando, es un enfermo mental; será inútil. Ven, vayamos a la sala de oración; ahí sí podemos aportar.

En el exterior se produjo otro ataque, esta vez más violento. Sergiño estaba asustado:

– Creo que podrán entrar ahora.

En la sala de oración el ambiente contrastaba con el resto del lugar. Había serenidad y ligereza. Un grupo de unas cuarenta personas oraba en silencio y vibraba por la estación y por los que estaban siendo ayudados. Alzira se sentó y Sergiño la imitó.

Siguieron tres ataques más intensos y luego todo quedó en silencio y el grupo de atacantes desapareció. Después de permanecer un rato más en oración, retomaron sus actividades. Sergiño y Alzira fueron a comprobar el estado de Christian y le sorprendieron dando gritos exigiéndoles otra dosis.

– ¡Déjenme salir! Ellos vendrán a buscarme de todas maneras... No pueden retenerme aquí.

Aferrándose a la barandilla, la sacudió, como si fuese posible destruirla. Alzira miró significativamente a Sergiño y extendió sus manos hacia el joven encarcelado. Elevó una sentida oración a Dios y a Jesús para que socorrieran a aquel enfermo y le ayudaran en su recuperación.

Con esto el paciente se calmó y finalmente se durmió.

Al final de la tarde Sergiño volvió a ayudar con la medicación de Christian, que se encontraba de nuevo en plena crisis. Nueva ayuda y nuevo sueño. Así, el joven alternaba entre somnolencia, letargo y momentos de angustia y desesperación, siempre que estaba despierto. La ausencia de la droga lo dejó alucinando.

Después de casi dos meses, comenzó a permanecer dormido por más tiempo y, después de varias semanas, fue recuperando paulatinamente la lucidez y la conciencia. Una tarde, cuando llevaba su comida, Sergiño lo encontró llorando.

– ¿Qué pasó, Christian? ¿Puedo ayudarte? – Ofreció, solícito.

– Duele mucho permanecer sin nada, ¿sabes?

– ¿Eso por qué? ¿Qué quieres olvidar o atenuar en tu conciencia?

– Precisamente eso: la conciencia. ¿No sabes lo que significa morir por sobredosis?

– No, pero sé lo que es morir prematuramente, en un accidente de moto, después de beber demasiado.

Christian se sobresaltó:

– ¿Tú? Pareces tan correcto...

– Aquí nadie es santo, Christian, ni mucho menos. La diferencia es que nosotros llegamos hace más tiempo...

Y los dos chicos, con tantas cosas en común, fueron fortaleciendo los lazos fraternos que los unían. Se volvieron cercanos. Sergiño aportó todo lo que pudo a la mejora de los demás. A pesar de aborrecer las drogas y tener un odio real hacia sus compañeros que las consumían, se sintió atraído por la convivencia del joven. Después de unas semanas, Christian demostró un progreso impresionante y de ninguna manera recordaba la forma en que entró al Puesto de Socorro. Con el cariñoso apoyo de su nuevo amigo, se recuperó cada vez más.

Una vez, Sergiño contó algunos detalles de su vida en la Tierra y habló de Paula, la novia que tanto deseaba reencontrar. Christian estaba escuchando, sin prestar mucha atención, cuando se sorprendió con la descripción de la joven.

– Conozco esa chica... Creo que estaba con ella en la cabaña...

– ¿Qué estás diciendo? ¿Conoces a Paula?

– Según tu descripción, debe ser ella...

– ¿Y qué es esta cabaña?

– Es una ciudad de adictos, completamente dominada por demonios...

Sergiño reaccionó, insatisfecho:

– ¿A este lugar solo van drogadictos?

– Hay personas peores que adictos, pero éstas son la gran mayoría.

– Entonces no debe ser Paula. Ella no consumía drogas; solo le gustaba beber, nunca consumía drogas.

– ¿Hace cuánto tiempo dijiste que desencarnaron?

– Pienso en unos seis meses.

– ¿Y crees que en tan poco tiempo fue posible conocerla realmente?

– ¡Lógico! La conocía muy bien. No usaba drogas; de lo contrario lo sabría.

– ¿Nunca les sugeriste que lo intentaran?

Pensó y pensó, y de repente sintió un gran shock en todo su cuerpo. Recordó que una noche, cuando llevaban como dos meses saliendo, Paula sugirió que podían intentarlo; sin embargo, había sido tan enfático en negar que la chica nunca volviera a sacar el tema a relucir.

– Entonces, hombre, ella era usuaria, ¡sí! Fuiste tú quien no se dio cuenta.

Sergiño estuvo aborrecido por eso durante un par de días. Luego volvió al tema con Christian, describiendo a la joven con mayor detalle.

– Te lo digo, es ella... sé que lo es.

– ¿Cómo puedes estar tan seguro?

– Es ella, Sergiño – era la voz familiar de la prima, en la puerta.

– ¿Y sabías dónde estaba? Todo ese tiempo...

– Hasta que llegamos aquí era una sospecha, que luego confirmamos. En cuanto al consumo de drogas, ya lo sabíamos...

– ¿Y por qué no me dijeron nada? ¿Por qué me lo ocultaron?

– Sabíamos que la realidad te sorprendería, y queríamos que lo descubrieras por ti mismo, cuando fueras lo suficientemente fuerte para afrontarlo. Si te lo dijéramos antes, es posible que te desesperaras.

– Y así es, tiene razón. Esta Paula es una auténtica zombi. Y de las que más chupan a la gente de la Tierra. Lleva a la gente directamente a la choza... Está activa todo el tiempo.

Sergiño se puso de pie y gritó, hasta el punto de perder el control:

– No lo creo... ¡No es posible!

– Entonces tendrás que verlo con tus propios ojos, ¿es eso? – Preguntó Lívia.

El primo la miró y con voz ahogada insistió:

– Yo no creo...

– Es como digo: ella baja con la pandilla todos los días y le chupa el colocón a la juventud de la Tierra...

Christian bajó la cabeza y añadió:

– Y yo hice lo mismo.

Sergiño no estaba convencido. No podía aceptarlo; no podía ser... Paula no consumía drogas. No ella. Podría tener muchos problemas y defectos, ¡pero ninguna adicción a las drogas! Entre lágrimas, balbuceó:

– Mira, creo... creo que puedes estar equivocado. Mi novia no consumía drogas... eso no puede ser cierto.

Lívia lo abrazó y le dijo tiernamente:

– Date algo de tiempo. Ciertas situaciones son difíciles de admitir. Ten paciencia y cálmate. Después de todo, luchar contra la evidencia no cambiará nada. Lo que quieres es encontrarla y ayudarla, ¿no?

Sacudió la cabeza afirmativamente.

– Entonces, sé fuerte. Ella definitivamente necesitará de todo tu apoyo.

Sergiño se levantó en silencio y se fue.

Capítulo 6

Por fin una pista

MÁS TARDE, todavía insatisfecho, Sergiño habló con Lívia.

– Christian me aseguró que era ella, y aun así me cuesta creerlo... Podría estar equivocado.

– Pero, ¿la descripción que dio no te suena muy parecida?

– Son similares y aun así... ¿Paula consumiendo drogas? Durante todo el tiempo que estuvimos juntos, nunca vi nada sospechoso.

– Sabes, primo, muchas veces vemos lo que queremos ver, y no la realidad... Y muchas veces engañamos a los demás e incluso a nosotros mismos. Solo vemos lo que queremos ver... ¿No te habría pasado eso con respecto a Paula?

– ¿Y cómo lo demostraremos?

– Vamos hasta su habitación; veremos si es posible rastrear los recuerdos que guarda de esta joven que supone es Paula e intentar identificarla. Es evidente que debe estar muy diferente a cuando ella estaba encarnad... es decir, su apariencia puede haber cambiado mucho.

Sergiño permaneció en silencio y se llevó el pulgar a la boca, mordiéndose ligeramente la uña... Estaba inquieto.

Al mismo tiempo que intentaba convencerse que la joven de la que Christian le había hablado no podía ser su novia, en el fondo temía que lo fuera... Ahora que tenía alguna pista sobre su paradero, se sentía paralizado.. Entraron en la habitación del chico, que se disponía a dormir:

– Hola.

– Pareces cansado... – comentó Sergiño.

– ¡Estoy agotado, cansado es poco! He estado luchando día y noche contra este deseo que me domina, este deseo que me destruye. Quiero desesperadamente vencer, pero las ganas de drogarme no me abandonan... Y todo el día en esta lucha...

Tocándole suavemente el hombro, Lívia le aconsejó:

– No abandones, Christian, el camino que elegiste solo te trajo dolor a ti y a tu familia.

El recuerdo de su familia vino claramente a su mente y él inclinó la cabeza, entristecido. Inmediatamente, pesadas lágrimas corrieron por su rostro. Las limpió y dijo:

– Lo sé. Amo a mi madre y lamento mucho el sufrimiento que le causé. Siento su dolor dentro de mí, y siento que me estoy volviendo loco... Y ella todavía se culpa...

Christian se quedó en silencio, perdido en los recuerdos del tremendo esfuerzo que había hecho su madre desde el momento en que descubrió que su hijo consumía drogas.

Rompiendo el largo silencio que siguió, Lívia comentó:

– Entonces, no te rindas. ¿Sabes que podrás enviarle mensajes a tu madre en el futuro para tranquilizarla? Imagínate el bien que le hará traerle la noticia que finalmente has encontrado el camino hacia la rehabilitación. Aun puedes brindarle esta gran alegría a ella y a toda tu familia.

Un rayo de esperanza apareció en el fondo de los ojos del chico, pronto reemplazado por una expresión emocionada.

– Ahora es demasiado tarde... No pude escapar de las drogas, incluso con todos sus esfuerzos...

Hizo una pausa por un momento, mientras se secaba las lágrimas que caían y su nariz, que estaba mojada por las lágrimas. Con los recuerdos surgiendo en su mente uno tras otro, sin parar, dijo:

— ¿Sabes que realmente llegué a golpearla? Fue solo una vez, pero le pegué a mi propia madre, ¡la persona que más amé en mi vida! ¡Soy un monstruo! Y ella siguió amándome, ayudándome aun así... ¡No tengo perdón!

Las palabras murieron en su garganta, asfixiadas por el dolor y el remordimiento. Después de calmarse un poco, terminó:

— ¡Ahora todo está perdido! Una sobredosis me quitó la vida. Ella me advirtió tanto... Ella me guio... Soy débil, no tuve el coraje...

Lívia se sentó al lado del chico y emitiendo su suave luz, que comenzó a envolverlo, así como a todo el entorno, habló con amor y respeto:

— Todo se renueva, Christian, y puedes empezar de nuevo. Tu madre sufre, es verdad, pero tú puedes aliviar su dolor; solo tú puedes darle el consuelo que tanto necesita.

— ¿Como puedo hacer eso?

— Rehabilitándote y enviándole mensajes inequívocos que estás vivo y recuperándote. Puedes devolverle la alegría con la certeza del reencuentro.

— ¿Y cómo superar la barrera de la muerte?

— A través de un instrumento llamado mediumnidad. Verdadero puente entre los dos planos, nos permite, bajo determinadas condiciones, comunicarnos con aquellos que amamos y que aun permanecen en el cuerpo físico. Además, en el futuro, cuando estés en mejores condiciones, podremos concertar un encuentro entre tú y tu madre, aquí, en el Puesto de Socorro.

El rostro del joven se iluminó.

— ¿Es eso posible? Intenté con todas mis fuerzas hablar con ella, pero ella no podía oírme... Nadie podía...

Sergiño le da a Lívia una mirada expresiva que buscó reforzar el incentivo:

— Nunca es tarde, Christian, y puedes retomar tu camino. Fueron las oraciones de tu madre las que te trajeron llevaron a este puesto. Ella sigue cubriéndote de luz y apoyo, a través de la oración con amor y fe; no se dio por vencida contigo. Después de tu partida de la Tierra, continuó pidiendo y orando por tu bien, y fue esta amorosa intercesión la que proporcionó tu rescate. No pierdas la oportunidad. No importa cuán grande sea la lucha, piénsalo y hazte más fuerte. Aquí tienes amigos que pueden ayudarte a mantenerse alejado de las drogas. ¡Disfrútalo!

Christian, más reconfortado, sonrió levemente y asintió.

— Me gustaría esforzarme más. Simplemente no sé dónde puedo encontrar fuerza...

Lívia se levantó y declaró, llena de energía:

— Trabajando para otros. Necesita ocupar la mente, las manos y el corazón. Tenemos un grupo de niños bajo cuidado en una de las alas de este puesto. Puedes ayudar a cuidarlos. ¿Qué opinas?

— Me gustan los niños.

— Entonces ven y únete a los que trabajan allí. La entrega a los demás alivia nuestras culpas y renueva nuestro interior. Al fin y al cabo, hacer el bien y amar a todas las criaturas es la gran lección de Jesús, la principal que debemos aprender.

Hubo un breve silencio. Después de una breve vacilación, el joven pensó en su madre y estuvo de acuerdo:

— Haré todo lo que pueda para mejorar. Tengo que probar...

— ¡Así se habla! Ahora, antes de irnos, ¿podrías hacer algo más sobre la joven que crees ser Paula, la antigua novia de Sergiño?

– Ya te he dicho todo lo que sé...

– Sé que se lo dijiste, pero ¿podrías repetírmelo?

Christian comenzó a narrar nuevamente, detalladamente, lo que sabía. Mientras hablaba, las imágenes mentales estaban tomando forma; Lívia las observó y, con su ayuda, Sergiño también pudo verlas.

– Eso es todo lo que sé – concluyó el breve informe.

Lívia se levantó, tomó la mano de su primo y le dio las gracias.

– Ya nos ha ayudado mucho. Cuenta con nosotros para lo que necesites; estamos aquí para ayudar en todo lo que podamos.

Salieron, caminando silenciosamente por el pasillo. No había duda, era Paula; y Lívia, a partir de las imágenes que había visto, identificó el posible paradero de la joven. Conocía bien el grupo al que se había unido.

Sergiño, que ya no podía negar la verdad, guardó silencio. Fue directo a su habitación y no más salió. Se quedó impactado. Esas visiones eran espantosas, devastadoras. ¿Cómo se había transformado Paula en el zombie que los recuerdos de Christian le habían mostrado?

Pasó dos días enteros aislado en su habitación, sin ánimos para continuar. La realidad lo había sacudido tanto que se sentía agotado. Pensando y repensando, comprendió el miedo de sus amigos en el plano espiritual. Aun así, no entendía por qué insistían tanto en que esperara, que se preparara mejor... ¿Por qué no la habían ayudado antes? Estaba lleno de incertidumbre. Pensó en Paula y quiso ayudarla, al mismo tiempo que lo dominaba una repulsión incontrolable. Odiaba las drogas, les tenía una auténtica aversión. Nunca había probado ni siquiera las más inofensivas. Nunca se puso un cigarrillo en la boca. De vez en cuando la cerveza... luego la cerveza, que acabaría comprometiendo su encarnación...

Preocupada por el largo encierro, Lívia fue a buscarlo.

– ¿Estás bien? Estábamos preocupados.

Sergiño compartió con ella su conflicto: su disgusto por las drogas y su indignación porque Paula no le había dicho lo que estaba haciendo, en contraste con su intenso deseo de ayudarla. Y concluyó:

– Estoy confundido y desanimado. Me siento en un callejón sin salida; no sé a dónde ir, ni por qué estoy tan deprimido, tan asustado...

Mirándolo con cariño, comentó:

– Hay muchas cosas que no sabes sobre tu pasado. Tus recuerdos de encarnaciones anteriores aun no te han llegado, ¿verdad?

– Ni siquiera uno...

– Queríamos que esperaras un poco más, hasta que estuvieras realmente preparado no solo para afrontar la difícil y ardua tarea de rescatar a Paula, sino, sobre todo, para entrar en contacto contigo mismo, con tu pasado...

– ¿Puedes explicarlo mejor?

– Necesitas recordar. Ven conmigo.

– ¿A dónde?

– Lo verás pronto.

Lo llevó a una habitación pequeña y cómoda, donde sonaba una hermosa música. El ambiente era luminoso, con tonos azul cielo en la decoración. Pocos elementos ocupaban la habitación. Lívia lo colocó en una cama y le pidió que se relajara. Pietro pronto ayudaría a llegar al recuerdo más profundo de Sergiño.

– ¿Y si no quiero recordar? – Cuestionó –. Tengo miedo...

– Lo sé. Sin embargo, tu estado psíquico y emocional, en este momento, podría verse tremendamente beneficiado con estos recuerdos. Aunque muy dolorosos, será útil para ti y también para Paula.

Se acostó y suspiró profundamente. Poco después, Pietro y Lívia rezaron juntos pidiendo protección divina para Sergiño y las ayudas que pudieron fortalecerlo en ese momento. Mientras oraba, irradiaban intensamente una luz que se proyectaba sobre su primo, quien permanecía acostado con los ojos cerrados. Después de la oración, Pietro, con voz tranquila y sosegada, lo llevó a una profunda relajación.

A medida que el muchacho se relajaba, más distante escuchaba la voz que le pedía que retrocediera en el tiempo. Mientras tanto, Lívia aplicó pases en su corteza cerebral, exactamente en la región donde se almacenan nuestros recuerdos más remotos. Como ya había sucedido en otra situación, comenzaron a aparecer imágenes en su mente. Al principio turbios o imprecisos, poco a poco se volvieron claras y nítidas. Pietro sugirió:

– Que vengan los recuerdos, que aparezcan las imágenes...

Sergiño se sintió transportado en el tiempo y el espacio.

Capítulo 7

Profundizando en el pasado

El JOVEN RUBENS estaba agachado en el vasto campo cubierto de una planta que conocía muy bien. Cortó algunas hojas y las presionó entre sus dedos aplastándolas para oler el aroma:

– ¡Esa es buena! – Exclamó con aprobación. Se volvió hacia el hombre de mediana edad que lo siguió y dijo:

– Puedes comprarla y es de las mejores.

El otro accedió y cerró la compra de todo el campo de la hierba más conocida como coca, cuyas hojas se utilizarían para producir cocaína. Una vez realizada la transacción, el comprador colocó en las manos del joven una pequeña cantidad de billetes y un gran paquete de cocaína. Cuando el vendedor recibió el dinero, lo contó en silencio y luego se quejó:

– Y muy poco para toda la producción... tengo mucha gente para pagar... Esto no es suficiente... Dijiste que era más...

Rubens agarró al hombre por el cuello y dijo entre dientes:

– ¡Cállate! Y sé feliz, porque a partir de ahora estás bajo la protección de las fuerzas guerrilleras. Ahora vamos, ve a trabajar al otro lado de tu tierra, ya que queremos una nueva cantidad pronto. Tenemos muchos pedidos para enviar al extranjero.

El terrateniente se fue irritado, pero guardó silencio. Sabía que era mejor no enfadarse con aquellos guerrilleros. Eran peligrosos. Rubens, satisfecho, contó el dinero y dijo:

– Voy a tomarme unos días libres.

– Tienes dos días para disfrutarlo. Entonces quiero que trabajes. Necesitas encontrar más proveedores.

SERGIÑO SE DIO LA VUELTA EN LA CAMA, incómodo, con respiración dificultosa; los recuerdos le trajeron dolor y angustia. Pietro y Lívia intensificaron las emanaciones de energía sobre el muchacho, envolviéndolo en afectuosas vibraciones. La tensión se disipó y su mente se abrió nuevamente a los recuerdos. Sabía que, aunque completamente diferente en apariencia, a quien veía como si fuera otra persona era a él mismo, en una encarnación pasada.

– DOS DÍAS Y NADA MÁS – insistió el hombre.

– Ahora vamos, tenemos que volver al campamento.

El joven, que aparentaba unos 25 años, abrió la puerta de madera de la casa donde vivía y entró ansioso. Quería probar lo que acababa de recibir. Miró a su alrededor y no vio a nadie. Fue al patio trasero y miró.

– ¿Dónde se metió esa cosa inútil? ¡Matilde! ¿Dónde estás?

Caminó por el terreno y descubrió a la chica tendida debajo de un árbol, con un pequeño trozo de vidrio en las manos.

– Otra vez. No aprendes... Estás usando demasiado esta droga...

Ella lo miró como si no lo viera, como si buscara algo en el horizonte; luego se encogió de hombros y murmuró:

– ¿Trajiste más? Lo nuestro se acabó.

– Necesitas empezar a colaborar de alguna manera... No puedes sentarte en los rincones sin hacer nada. Soy yo quien hace todo por aquí. Cuido de ti, de la casa y también traigo dinero.

– Estoy cansada... Ya te dije que quiero irme de aquí. Por favor... no puedo soportar estas selvas, este lugar, no puedo soportarlo más... quiero ir a la ciudad. Debe haber algún lugar donde podamos ser libres de todos...

– ¿Y a estas alturas de qué puedo vivir? Estoy ganando mucho dinero y no me expongo mucho.

– ¿No te expones mucho? Rubens, muchos de nuestros compañeros han muerto, mi padre se ha ido y el tuyo también. No tenemos a nadie más. Nuestros amigos de antes estaban todos dominados por las ideas de Diego; odio todo esto. ¡Ojalá pudiera desaparecer! Odio este lugar, esta estúpida pelea.

– ¿Preferirías vivir bajo las órdenes de un gobierno totalmente injusto?

– Prefiero vivir mi vida alejado de todo esto. También lo digo por el gobierno... Le quitó la vida a mis padres.

Se puso de pie y comenzó a patear todo lo que veía, gritando maldiciones y acusaciones a sus compañeros revolucionarios y al gobierno. Así que ella se sentó, exhausta, y dijo, mirándolo:

– Solo te tengo a ti ¡Vamos, quiero más, lo necesito! Sé que tú tienes.

El joven la observó, reflexionando si debía o no darle más cocaína en ese momento. Ya sentía un cariño inmenso por ella, pero desde que llegaron allí, hacía seis años, muchas cosas habían cambiado. La chica gritó y pateó, luego comenzó a patearlo, exigiendo la droga. Él, sin decir nada, fue a la cocina, tomó un poco y, sentándose bajo el árbol, lo dividió entre los dos. Y juntos emprendieron otro viaje.

ANTE LA DEPLORABLE ESCENA, espesas lágrimas corrieron por el enrojecido rostro de Sergiño. Acostado en la camilla seguía sostenido por Lívia, quien seguía las imágenes de sus formas pensamiento; pudo verlos definiéndose claramente.

Mientras el primo buscaba en su memoria y revivía vio el pasado en el que fue miembro de las fuerzas guerrilleras, traficante de drogas y consumidor de drogas.

RUBENS ABUSÓ de los campesinos con quienes negoció, comprando plantaciones de coca para alimentar la producción y el tráfico de cocaína. Ganó dinero y se hundió cada vez más en la dependencia.

A veces Matilde decía que quería salir de ese lugar; luego insistió en que debían permanecer unidos, luchando contra las injusticias a las que habían sido sometidos por parte de las autoridades. Se rebeló. La chica, en estas ocasiones, se encontró llena de indignación contra el gobierno y también contra los guerrilleros que la habían puesto en esa situación, privándola de su madre, de su familia, de todo, en definitiva.

Una mañana, mientras Matilde preparaba el café, llegó una milicia. Varios hombres entraron, sin pedir permiso, y se sentaron a la mesa a comer.

Ella les sirvió en silencio. Uno de los hombres reconoció a Rubens, quien ocupaba el puesto de empresario y no portaba armas, como ellos, quien comandaba el grupo se acercó a la joven, la miró de arriba a abajo y, después de probar lo que ella preparaba, le dijo en un tono lascivo:

– Tenemos pocas mujeres en nuestro campamento. Tú, Rubens, viajas mucho, ¿no? Tomemos esta para servirnos...

– ¡Ella es mía! – Reaccionó con dureza. – No puedes llevártela.

– Puedo y lo haré. No pareces lo suficientemente sobrio como para detenerme. Además, te doy protección, con mis hombres. ¿Ya lo olvidaste? Tus actividades se han vuelto bastante peligrosas. Yo me la llevaré.

– ¡Por favor, no puedes hacer eso! Nos casaremos pronto. No se puede destruir a nuestra familia... Estamos del mismo lado, todos somos parte de la guerrilla armada. Somos compañeros.

El otro pensó un poco y dijo:

– Está bien. Aquí tienes la misión que Diego te dio esta vez. Ve, haz bien tu tarea y cuando regreses te devolveremos a tu esposa. Por ahora ella viene con nosotros.

Salieron, cargando a Matilde y los sueños que los dos habían trazado juntos. Rubens los vio partir, sin fuerzas para detenerlos. Volvió a entrar y golpeó la pesada mesa de madera hasta que le sangró la mano. Gritó y maldijo todo lo que sabía. Luego fue a buscar un paquete de su preciado polvo y enajenó su conciencia en otro viaje.

Los padres de Rubens, quienes desde el plano espiritual lamentaron la situación en la que habían quedado los jóvenes tras aquella rebelión, apoyados por ellos mismos, sintieron el peso de la culpa. Querían libertad y no la prisión donde arrojaron a su hijo. Se sintieron responsables de él y trabajaron activamente para cambiar su condición espiritual. Fueron llevados varias veces a Arnaldo Leopoldo, al Centro Espírita "Luiz Gonzaga", y siguieron las actividades allí realizadas, aprendiendo sobre el Espiritismo; en busca de su propia renovación, se comprometieron a ayudar a su hijo y guiarlo hacia el bien.

Rubens nunca regresaría de ese viaje, el vendedor, cansado de ser explotado por él y los hombres de Diego, le preparó una emboscada en la que sucumbió sin protección. Sus padres obtuvieron autorización para ayudarlo y lo llevaron a un Puesto de Socorro cercano. Reunida nuevamente, la familia recibió apoyo para restablecer los caminos y empezar de nuevo.

SERGIÑO volvió lentamente del profundo letargo en el que había caído y, entre lágrimas, admitió angustiado:

— ¡Yo también era drogadicto! Peor que eso, ¡ayudé a difundir esta vergonzosa droga! Y financiar la muerte... ¡Dios mío!, es monstruoso...

Lívia se sentó a su lado y trató de consolarlo, explicándole:

— Después de recorrer tus caminos espirituales, renaciste con una genuina aversión a las drogas. Empezaste por no tolerar el más mínimo contacto con cualquier persona de la que sospechara ser un usuario. Tus padres, también fueron muy estrictos contigo y con tus hermanos, ya que ellos tenían la responsabilidad de no dejar que ninguno de sus hijos vuelva a fallar en este sentido.

— En el fondo lo que temían era una recaída.

Lívia abrazó a su primo, quien lloró durante mucho tiempo. Se sintió aturdido. Pietro le pidió que se acostara nuevamente y comenzó un tratamiento intenso para ayudarlo a recuperarse. Unas horas después de este tratamiento, Sergiño estaba más renovado. Cayó en un sueño reparador y se despertó más tranquilo. Vio a su prima a su lado y dijo:

— Ahora te entiendo a ti y a Mesías.

— No podíamos decirlo; no estabas listo.

— ¿Y crees que lo estoy ahora?

— ¿Qué dices?

— Creo que sí.

— ¡Que asombroso!

Permaneció en silencio, reflexionando y finalmente comentó:

— Ahora creo que podemos ir a buscar a Paula. Ahora puedo aceptar la realidad sobre ella. Sé que fue Matilde y soy responsable de su rebelión.

Lívia y Pietro sonrieron satisfechos. La operación produjera el resultado deseado. Luego aclaró:

– No fue una simple casualidad del destino que ustedes dos terminaran juntos. Su culpa atrajo la situación punitiva que les sobrevino a ambos, aunque no era el momento de su desencarnación y mucho menos de ella.

Capítulo 8

En el valle de las sombras

UNOS DÍAS DESPUÉS, las condiciones atmosféricas mejoraron y Sergiño, Lívia, Arnaldo, Sonia y Mesías partieron en busca de Paula. Antes de partir, el muchacho se despidió de Christian.

– Espera, firme, amigo mío, no te desanimes.

– Es muy difícil, hombre. No tienes idea.

Con un abrazo vigoroso y fraternal, Sergiño intentó animarlo:

– Lo conseguirás; no puedes desanimarte ahora. Hay mucha gente aquí para ayudarte. ¡Aprovecha!

– Mi fuerza de voluntad es muy pequeña.

– ¡Apóyate en los que son más fuertes y camina!

– ¿De verdad vas a buscarla?

– Ya nos vamos.

– Entonces, buena suerte, *brother*.

Sergiño volvió a abrazarlo, intentando transmitirle toda la ilusión que tenía.

Se fueron. Cruzaron el Umbral hacia la zona más densa. A medida que avanzaban, los gritos de horror se intensificaron. Ya habían caminado mucho tiempo cuando, de repente, un grupo pasó junto a ellos arrastrando a dos chicos encadenados, quienes estaban siendo pateados y maltratados verbal y físicamente. Mesías comentó:

– Estamos llegando. Forman parte de una pandilla que colecciona, controla y domina a jóvenes adictos.

– ¿Y por qué los maltratan tanto?

– Quien intenta escapar es perseguido y torturado como acabas de ver.

– ¿No nos ven?

– No, pero algunos pueden sentir nuestra presencia.

El ambiente se había vuelto más desolado. Comenzaron a descender a un profundo y empinado abismo. Sergiño sintió dificultad para respirar. En la oscuridad vio grupos de jóvenes consumiendo drogas por todas partes. Algunos lo hicieron libremente, otros fueron sometidos. La condición de todos era espantosa. Parecían cadáveres esqueléticos, con un aspecto horriblemente deformado, que consumían drogas con avidez y luego permanecían en completo abandono, algunos locos, otros mirando al vacío. Pasaron junto a grupos que parecían más violentos. Se abofetearon y rodaron por el suelo, luchando por el control de otros jóvenes que llegaban.

Lo que más impresionó a Sergiño fue el número de los que fueron traídos como prisioneros de quienes los controlaban. Había muchos, cientos y cientos de ellos aparecían todo el tiempo.

– ¿Toda esta gente acaba de morir?

– Muchos sí, otros no.

– ¿De dónde vienen?

Mesías miró a Lívia antes de decir:

– Acompañemos a este pequeño grupo que sale del abismo, ven...

Sin ser notados por los ocho espíritus ennegrecidos, liderados por uno aun más aterrador, los siguieron hasta la corteza terrestre. Cuando llegaron, el grupo se separó, bajo las órdenes del líder:

– Aquí nos volveremos a encontrar, después que se diviertan mucho.

– Tengo muchas ganas de quedarme aquí, no tengo intención de volver.

– Bueno, no tardes tanto como quieras. Si te necesito, sabré exactamente dónde encontrarte. Iré a buscarlos si es necesario.

Sergiño y sus amigos acompañaron al grupo más reducido de tres jóvenes: Héctor, Ligia y Víctor. Se dirigieron a un pequeño apartamento abandonado, en un lugar apartado de la ciudad, en las afueras. En el lugar también aparecieron variedades jóvenes, en cuerpo físico. Compraron la droga y entraron. Víctor se acercó a una chica que sentía constantes escalofríos de deseo por consumirla y se acoplaba perfectamente con ella, intensificando su deseo. Entró corriendo y se refugió en un rincón de una de las habitaciones. Preparó la jeringa; casi nunca consumía cocaína así, pero ese día decidió hacerlo.

Víctor le susurró al oído:

– Más, un poco más, añade más... Así estarás viajando mucho tiempo... ¡La emoción será mucho mejor!

La muchacha, de no más de diecisiete años, cedió. Respondió a los llamamientos mentales sin imponer resistencia alguna. Ni siquiera se imaginaba que estaba bajo la influencia de ese tipo. Después de haber inyectado una dosis mucho mayor de lo habitual, Víctor disfrutó de la sensación de la cocaína penetrando en el torrente sanguíneo de la niña. Ella; sin embargo, inmediatamente tuvo una taquicardia mucho más rápida que en otros momentos. Al principio, captando la satisfacción que emanaba de Víctor, pensó que éste sería realmente un viaje inolvidable. Pero el corazón se aceleró progresivamente, hasta que sufrió un paro cardíaco.

Sergiño se arrodilló junto a la chica, desesperado.

— ¡Mesías, tenemos que ayudarla, tenemos que hacer algo! Ella morirá...

Lívia, conmovida, también se arrodilló, dándole pases, al mismo tiempo que decía, con tristeza:

— Poco podemos hacer en este caso. Mira lo débil que ya está el cuerpo debido al uso continuo de drogas.

Mirando a la hermosa joven, Sergiño balbuceó entre lágrimas:

— Es tan joven... ¿Dónde está su ángel de la guarda, que no la ayuda?

Pronto, un joven con rostro serio se acercó al grupo y se presentó:

— Soy Mario, cuido a Valquíria.

Se arrodilló y también aplicó pases sobre el cuerpo de la chica, tratando de reducir el impacto de la sobredosis en su cuerpo. Le ayudaron Sergiño, Lívia y Mesías. La operación duró más de media hora. Víctor, que estaba convencido de la muerte de la joven, gritó enojado:

— ¿Por qué no muere esta idiota? Ya debería haber dejado el cadáver... ¿Me pregunto si se lo están impidiendo?

Hizo una pequeña pausa y luego continuó:

— ¡Sea lo que sea, no ayudará! Ella está muerta, ¿me escuchaste bien? ¡Y me pertenece a mí, a mí! La llevaré conmigo a la choza.

Con un profundo suspiro, Mario comentó completamente desolado:

— Él tiene razón. No podemos impedir que se la lleve.

– ¿Y por qué no? Podría venir con nosotros – dijo Sergiño, angustiado.

– Lamentablemente, no es tan sencillo. Valquíria vive prácticamente en simbiosis con entidades como este chico. Tienen una afinación cercana y tienen mucho humo.

Valquíria, en espíritu, se desprendió del cuerpo físico, continuando unida a él a través de vínculos energéticos. Su periespíritu se sacudió violentamente, convulsionando, pero no despertó. Permaneció en un pesado letargo, como en una pesadilla.

– Ella no podrá desprenderse ir de inmediato. Su tiempo en la carne debería ser largo, casi setenta años.

– Tiró por la borda toda su vida...

– Sí, se pierde todo un programa de reencarnación. Entonces tendrá que empezar de nuevo, quién sabe cuándo y en qué condiciones... ¡Ah! Valquíria, hija mía, que situación triste tejiste para ti misma...

Gruesas lágrimas bajaron por las mejillas de Mario. La joven continuaba convulsionando, y Sergiño, angustiado, también lloró. Lívia y Mesías envolvieran al nuevo amigo en vibraciones de amor, intentando reconfortarlo.

Víctor, que había desaparecido dentro de la casa, volvió y encontró a la joven recién desencarnada junto al cuerpo.

– ¡Esa no! Pensé que estuviese más débil. Ahora va a tener que quedarse ahí, pudriéndose con el cadáver...

Se encogió de hombros y dijo, entrando nuevamente a la habitación buscando más diversión:

– Mala suerte la tuya. Cuando estés lista para ir conmigo, vendré a buscarte.

Desapareció dentro de la casa. Mario les pidió a los tres que se quedaran cerca de la joven, mientras él improvisaba ayuda. La policía no tardó en llegar al lugar. Al escuchar el sonido de la sirena, varios jóvenes vestidos con ropa física se asustaron.

– No tienen por qué tener miedo – anunció el comerciante –, tenemos protección de la policía.

Aun así, el grupo se dispersó. La policía entró y pronto encontró el cuerpo sin vida de Valquíria. Mario se dirigió a sus amigos, en el momento en que se llamaba a los peritos:

– Gracias por la ayuda. Voy a quedarme aquí con ella, hasta que pueda sacarla del cuerpo físico.

– ¿Podrás evitar que Víctor se la lleve?

– Creo que no. Ahora me ocuparé de ello, pero tan pronto como se libere del material denso probablemente me la quitarán.

– ¿Vas a renunciar a ella?

– Nunca. Sin embargo, debemos respetar las leyes divinas; Valquíria recogerá las consecuencias de sus elecciones y a su debido tiempo, con la divina misericordia del sufrimiento, podré rescatarla a la luz. Por ahora no queda más que esperar.

Los padres de la chica llegaron desesperados. La madre, con ojeras, tomó entre sus brazos el cuerpo sin vida y, entre lágrimas, entonó una canción de cuna. Luego levantó la mirada al cielo, desgarrada por el dolor, y gritó:

– ¡Mi bebé! ¡Dios mío! ¡Mi bebé!

Fue con gran dificultad que su marido y otros miembros de la familia la separaron de su hija. Sergiño, sin palabras, no dejaba de llorar. Cuando la situación se calmó, se despidieron de Mario y se fueron. Sergiño continuó en absoluto silencio, reflexionando, compadeciéndose del desperdicio de la joven y del sufrimiento de la madre.

Capítulo 9

El rescate

AL LLEGAR AL VALLE donde miles de jóvenes se encontraban en absoluta oscuridad y sumergidos en fuertes vibraciones, Mesías preguntó a su compañero principiante:

– ¿Ves las murallas de la ciudad a lo lejos?

Sergiño miró atentamente y asintió.

– Tenemos que entrar a buscar a Paula, que debe estar dentro.

– ¿Entonces es una prisionera?

– Creo que no.

– ¿Y por qué estaría asociado con espíritus tan perversos?

– Todos estos espíritus, aunque estén dominados por la ignorancia que los aleja del Creador, son nuestros hermanos, y un día llegarán a la luz.

– Me cuesta mucho entenderlo y lo acepto... ¿Cómo habría terminado Paula en un lugar así, tan degradado?

– Por la sintonía – esta vez fue Lívia quien respondió. Sergiño permaneció en silencio, consciente que la mente nos coloca al lado de aquello con lo que sintonizamos.

– Entremos y busquemos a nuestra hermana, que está mentalmente envuelta en densas sombras.

Sergiño contempló el lugar desde lejos y sintió fuertes escalofríos recorriendo su cuerpo. La sólida construcción, envuelta en nubes negras, parecía el mismísimo infierno; Él preguntó, vacilante:

– ¿Podrán vernos?

– No, pero tenemos que permanecer en oración, en sintonía con el bien, con Dios. Vamos.

Desde el borde del valle, donde se encontraban, comenzaron a descender, atravesando la región tenebrosa por la que se arrastraban los jóvenes, suplicando clemencia a los torturadores que los dominaban. Muchos fueron amenazados. Sergiño escuchó, asombrado, una de las conversaciones.

– Vamos, me ayudarás a dominar a tu familia.

– ¡No! No quiero que mi hermana pase por lo que yo estoy sufriendo...

– Ella ya es adicta...

– No, no es...

– Es casi nuestra... Y tú ayudarás, o destruiré a toda la familia, incluidos tus padres. No quedaría nadie.

Entre lágrimas, el joven, que prácticamente no era nada, gritó:

– ¡Deja en paz a mi familia!

– Obedecerás... ¡Oh, si no lo haces...!

Antes que Sergiño pudiera hacer alguna observación mental, Mesías advirtió:

– Oren, solo oren por ellos.

Ellos siguieron. Frente a las pesadas puertas esperaron hasta que se abrieron. Un grupo salió, en un alboroto ensordecedor, y los cinco aprovecharon para entrar. Dentro de la fortaleza, Sergiño estaba aun más sorprendido. En el ambiente denso y oscuro, numerosos jóvenes estaban prisioneros. Al cruzar un pasillo, pronto se encontraron en un gran salón lleno de gente, donde estaba a punto de comenzar una reunión. Los presentes, hombres y mujeres en condiciones deplorables, gritaban obscenidades y se quejaban, hasta que un grupo de cinco hombres tomó el mando y dio inicio a la reunión.

A medida que se desarrollaba la reunión, el asombro de Sergiño fue en aumento. Ese grupo estaba siendo entrenado, con técnicas sónicas, para ejercer control sobre los jóvenes encarnados, llevándolos a las drogas, la prostitución y el crimen. Los coordinadores demostraron innegables conocimientos y experiencia, y enseñaron a través de la práctica y con proyecciones de hechos reales, vividos por sus subordinados; mostraron casos y más casos, dando todos los detalles de cómo podrían influir y dominar las mentes y vidas de los jóvenes del planeta.

– Todo siempre comienza con el debilitamiento de los valores familiares. Y por eso deben centrar sus ataques. Cuanto más frágiles y faltos de fuerza sean las familias, más fácil será infiltrarnos. Si los jóvenes ya son rebeldes por naturaleza, a medida que debilitamos a sus familias, los haremos más vulnerables a nuestra dominación.

Sergiño escuchó atentamente cuando Lívia señaló:

– Mira a esa joven, ayudando en el lado izquierdo. ¿No es Paula?

Él obedeció y luego respondió:

– Ella no se parece en nada.

– Pero recuerda mucho a la imagen que vimos en la memoria de Christian.

– Dije que tal vez no era ella.

Lívia, que recordaba a Paula por los recuerdos de su primo, le pidió que la examinara detenidamente. Cuando la chica se levantó nuevamente, ayudando al grupo que dirigía la reunión, sintió que sus piernas se ablandaban y su corazón se aceleraba.

– Es... ella... – tartamudeó.

La prima lo tomó de las manos y le pidió que permaneciera en oración, controlando sus emociones y, principalmente, sus pensamientos. Todos lo apoyaron con oraciones de amparo, para que no estuviera tan desesperado como para denunciar su presencia entre el grupo de espíritus que permanecían en la oscuridad, planeando todo tipo de crímenes contra los encarnados. Se armonizó nuevamente. El tema del grupo ahora se había degradado aun más; debatieron sobre el acoso que cometerían, llevando a los jóvenes a involucrarse en el tráfico de drogas y la prostitución infantil, como formas de alimentar su adicción.

Sergiño bajó la cabeza y oró, pidiendo ayuda al Creador para aquella guarida de seres que más parecían demonios. Todos vestían una pesada túnica negra, con una capucha que cubría sus rostros. Eran los líderes de esa Colonia de depravación y degradación humana. El muchacho sintió dificultad para respirar. Lívia continuó orando fervientemente, notando la opresión que dominaba a su primo, e incluso antes que terminara la infeliz reunión, los cinco abandonaron la habitación. Esperarían hasta el final y luego seguirían a Paula.

No tuvieron que esperar mucho y vieron que todos salían. Localizaron a Paula, quien, también vestida con una túnica oscura, se dirigió con un grupo más pequeño a otra zona del edificio. La siguieron de cerca. Se estaba preparando para descender la corteza; Liderando a algunos jóvenes menos experimentados, iba a realizar una actividad de obsesión con niñas en una escuela secundaria pública.

Los cinco trabajadores espirituales siguieron al grupo. Al llegar, Paula se unió a una joven que estudiaba en una sala de tutoría y que sintió una compulsión inmediata a consumir drogas.

Sin reflexionar y cediendo a ese repentino deseo, se fuebuscando compañeros que pudieran facilitarla. No tardó mucho en encontrar un rincón vacío de la escuela y fumar todos los cigarrillos que había conseguido. Paula sorbió las caladas, satisfecha, y así sus deseos, encarnados y desencarnados, quedaron saciados al mismo tiempo. Uno de los miembros del grupo refunfuñó:

– Eso es una tontería. Esta droga no hace daño a nadie...

– Eres estúpido. Este es un comienzo ingenuo. Lleva menos de dos meses fumando. Pronto les presentaré drogas más fuertes. Pero no te preocupes. Hoy, aquí mismo, vamos a intentarlo todo. Incluso crack.

– ¡Me gusta esta!

Paula guio al grupo a través de varias experiencias, que Sergiño observó con los ojos húmedos y el corazón dolorido. Esa joven le parecía una completa desconocida. Sin embargo, cuando la miró a los ojos, reconoció a su novia y se sintió inmensa ternura por ella. ¿Cómo se convirtió ese monstruo? – Él pensó. La tristeza creció hasta hacerse casi insoportable, y en profunda depresión le preguntó a Lívia:

– ¿Podemos hacernos visibles para ella?

– ¿Qué deseas?

– Necesito hablar con ella.

– Tranquilo, Sergiño – advirtió Mesías –. Actuemos ahora, que es el momento adecuado. Si dejamos pasar esta oportunidad, podríamos demorar tener otra oportunidad tan adecuada a nuestros propósitos. Y sería necesaria mucha precaución. Arnaldo y Sonia, les pedimos que permanezcan en oración, brindándonos apoyo. Lívia, necesitas distraer a los hombres de Paula; sácalos de aquí y llévatelos.

Lívia salió e, involucrando a un profesor que le ofreció espacio mental, los acercó a él.

– Ahora, Sergiño, quiero que te concentres y trates de recordar cómo eras días antes del accidente. Pero primero oremos.

Luego de un breve momento en el que Mesías pidió ayuda desde lo Alto, llegaron tres espíritus más para ayudarlos. Una luz brillante invadió la habitación y Paula se sintió muy mal. Dos jóvenes a quienes ella influyó se sintieron afectadas por el mismo malestar y un miedo repentino se apoderó de una de ellas, quien lo dejó todo diciendo:

– Me voy, no quiero, no tengo ganas. Tengo miedo... Alguien se enterará de nosotras, algo malo está por pasar...

Sin esperar respuesta, salió corriendo. La amiga, desconcertada, también se fue. Paula miró alrededor y, sintiendo una fuerte opresión, pensó: "la luz está por aquí."

"Sé que están cerca - gritó –. ¿Qué quieren conmigo?"

De repente, siguiendo las instrucciones de Mesías, Sergiño se hizo visible ante ella. Sin reconocerlo inmediatamente la muchacha preguntó:

– ¿Qué deseas? ¿Viniste tú también a disfrutarlo? ¡Todo este punto es mío!

Con gran ternura, el niño preguntó:

– ¿No me reconoces?

Le tendió la mano y comentó:

– ¿Sabes qué día es hoy?

– ¿Te las llevaste todas, hombre? ¿Cómo lo sabré?

– Hoy es el día en que celebro mi cumpleaños. Lanzamos nuestra banda, ¿recuerdas? La Sideral. No podemos llegar tarde, tenemos que irnos.

Incrédula, vio a aquel joven, que continuaba con la mano extendida invitando:

– Ven conmigo, Paula.

– ¡¿Sergiño?!

– Sí, soy yo.

Paula sintió que le daba vueltas la cabeza. La sorpresa hizo que sus emociones más escondidas salieran sin control. No sabía qué hacer, cómo actuar. No esperaba encontrar allí nuevamente al muchacho con quien había desencarnado. Con vértigo, casi perdió el conocimiento. Sergiño la abrazó. Ahora Paula estaba sollozando, completamente fuera de control. Le quitó la pesada capucha y con extremo cariño acarició su cabello sucio y despeinado; Envolviéndola en energías de profundo afecto, murmuró:

– Te he estado buscando durante mucho tiempo. ¡Qué bueno que finalmente te encontré!

Paula, todavía bajo el impacto de la vista de su ex novio, habló entre lágrimas:

– Ni siquiera pude buscarte. Tan pronto como dejamos el cuerpo, me detuvieron y terminé decidiendo servir a un grupo de... bueno...

Mientras ella dudaba, Sergiño le puso el dedo índice en los labios y le pidió:

– No hace falta que digas nada. Conté los días, las horas, los minutos para volver a verte, y ahora que te tengo en mis brazos no me soltarás.

Paula no supo qué responder. La presencia del chico le trajo repentina claridad de conciencia y le hizo saber que no quería llevarlo al lugar donde vivía, que él no lo aprobaría. Al mismo tiempo, sentía que pertenecía allí y que debía regresar allí. Mesías y el pequeño equipo de rescatistas oraron. Sergiño tomó las manos de la joven y las besó largamente. Luego, entre lágrimas, pidió:

– Nome dejes más, no lo soportaré.

No estaba bromeando. ¿Sabes que día es hoy?

Después de pensar un poco, Paula negó con la cabeza. Y entonces escuchó la respuesta:

– Es el día en que cumpliría años. Quédate conmigo, por favor. No quiero estar solo...

Secándose las lágrimas, y recordando el día en que ambos habían perdido la vida en carne y hueso, dijo:

– Hoy me quedaré contigo, por supuesto que lo haré.

La afirmación fue recibida con un afectuoso abrazo. En los brazos de su ex novio, la chica sintió el consuelo del que había estado privada durante mucho tiempo. Al cabo de un rato, sin soltarse, dijo:

– Ven conmigo. Celebremos mi cumpleaños.

– ¿Y a dónde vamos?

– A una fiesta... esa que no pudimos tener ese último día.

Paula, visiblemente molesta, confesó:

– No puedo. No lo admitirían, no nos dejarían en paz. Y tampoco quiero que te pillen...

– ¿De qué estás hablando?

– De las personas para quienes trabajo...

– No tienes que hacer nada que no quieras, Paula. ¿No crees que ya has tenido suficiente sufrimiento? ¿No estás cansada de vivir en las sombras?

Conmovida por el cariño del chico y las vibraciones del grupo que los apoyaba, rompió a llorar. Cuando se calmó, insistió:

– No puedo dejar que te atrapen. Vendrán detrás de mí; van a donde vayas, ellos me seguirán. No me darán paz.

– No te preocupes por eso ahora. Ven conmigo, por favor.

Sin pensar, todavía bajo la influencia de los recuerdos de su último día en la Tierra, ella lo siguió sin cuestionar más. Mesías,

Arnaldo, Sonia y Lívia fueron adelante, visibles solo para Sergiño, hasta llegar al Puesto de Socorro donde se refugiaron temporalmente.

Capítulo 10

Entre la luz y la oscuridad

LA PESADA PUERTA se abrió y el grupo entró. Paula miró a su alrededor, sintiéndose cada vez más incómoda. Se detuvo, miró la puerta que parecía cerrarse sola y preguntó:

– ¿Qué es este lugar? ¿A dónde me trajiste?

– Estamos en un Puesto de Socorro, hay mucha gente aquí para ayudarnos.

– No podré quedarme por mucho tiempo...

Su voz revelaba una enorme angustia. Apretaba el brazo del muchacho y al mismo tiempo intentó liberarse de él.

– Tranquila, Paula, todo está bien; aquí estás entre amigos, gente que te quiere.

Ella frunció el ceño y habló con dureza:

– Debe ser un grupo de religiosos hipócritas, como los de casa, a quienes les encanta soltar sermones y enseñanzas que ni remotamente practican.

Sergiño sonrió, reconociendo los gestos de su antigua novia, tal como era cuando todavía estaban encarnados.

– Necesitamos descansar y tener un lugar para celebrar mi cumpleaños. Ven...

Ella lo siguió, vacilante. Al entrar, Sergiño vio a Christian. Al reconocer al joven, Paula lo miró de arriba abajo y le dijo:

– Te conozco... ¿Qué haces aquí? El jefe te persigue.

– ¿Qué pasa, Sergiño? ¡Después de todo, encontraste a tu chica!

– Y debo agradecerte por ayudarme. Tenías razón, ¡era ella!

El otro meneó la cabeza y dijo:

– Bueno para ti...

– ¿Por qué tiemblas tanto? – preguntó Paula.

– Es la falta...

– ¿No te dejan usarla? Espera... Este lugar es de luz, ¿no? ¿Por qué me trajiste aquí, Sergiño? ¡No puedo vivir aquí!

Lo soltó y corrió hacia la puerta, intentando salir.

La alcanzó y le preguntó:

– Quédate conmigo hoy, por favor. Te extrañé mucho y el anhelo me dolió mucho. No te voy a abandonar ahora.

– No soporto estar sin mis bellezas... – se refería a las drogas.

Acariciándole el cabello, Sergiño pensó:

– Mírate, Paula - ella siempre fue tan vanidosa... -. Mira tu condición. Necesitas ayuda, no puedes continuar con aquel grupo que solo te utiliza a ti, así como a los demás. No te hagas esto a ti misma.

– Están buscando a Christian y harán lo mismo conmigo. No quieren que la luz rescate a ninguno de los que les pertenecen... Vendrán tras nosotros.

– No pueden hacernos ningún daño.

Abrazándola con más fuerza, añadió:

– Aquí estamos seguros de recuperar el retraso, pensando en el tiempo de convivencia que perdimos. Sabes que siempre he estado enamorado de ti. Nuestra relación duró tan poco...

– Sí... unos cuatro o cinco meses.

– Cinco meses y medio.

– ¿Recuerdas exactamente...?

– Todo, Paula. Y quiero ayudarte.

Finalmente ella se calmó un poco y lo siguió. No pudo ver a la mayoría de los espíritus que ocupaban el ambiente, ya que su patrón vibratorio era muy denso. Sergiño la colocó en una de las habitaciones con rejas y la obligó a tomar potentes medicamentos. La chica no tardó mucho en conciliar el sueño. A pesar de dormir inquieta, descansó durante casi ocho horas seguidas. En un momento, Lívia apareció en la puerta de la pequeña habitación y sonrió a su primo, que no se había alejado:

– ¿Feliz?

– Mucho, no sabes cuánto. Quiero agradecerles a ti y a Mesías por su apoyo, y también por haberme impedido venir antes. Ciertamente no estaba preparado...

– ¿Y ahora?

– Ya no pienso, solo quiero ayudarla.

– Sabes que el camino es largo. Su situación es grave y el proceso de recuperación está lejos de comenzar.

Sergiño observó a la joven dormida, alisó delicadamente el cabello que cubría su rostro y la acarició suavemente; entonces, volviendo a mirar a la prima, comentó:

– Lo sé y estoy preocupado, pero no puedo rendirme ahora.

Posando nuevamente su mirada en la joven dormida, guardó silencio por un momento, hasta que preguntó:

– ¿Tendrá una oportunidad?

Ni bien terminó su frase y la sirena de ataque sonó, sacudiendo el ambiente. Paula se despertó asustada. Se incorporó en la cama gritando:

– ¡Son ellos! Vinieron a buscarme y me van a torturar.

Me van a dejar sin usar...

Cuando intentó levantarse, Sergiño la detuvo.

– Necesitas descansar.

– Necesito regresar. Deja de engañarme. No hay fiesta de cumpleaños. Fue una excusa para traerme aquí. ¡No quiero la luz! Están por ahí... ¡Necesito una solución, ahora! ¡Déjame ir, déjame en paz!

– No puedo.

– Pero yo quiero irme.

– Necesitas ayuda, Paula. Tu situación es cada vez peor.

– ¿De qué estás hablando? ¿Qué es lo peor que puede pasar? ¡Ya estoy muerta!

– El hecho que estemos fuera del cuerpo físico no es definitivo. En cualquier momento la justicia divina puede encaminarnos a una nueva encarnación. Y entonces, ¿cómo será? Lo que haces hoy, contribuyendo a destruir la vida de los jóvenes encarnados, se volverá contra ti, que cosecharás las consecuencias de tus propios actos. Debes detenerte lo más rápido posible para no empeorar cada vez más tu condición. Cada acto contra tus hermanos aumenta tus deudas con Dios, y dibuja días de mucho sufrimiento en tu futuro...

– Yo no entiendo nada. ¿De qué estás hablando?

– Sobre la reencarnación, Paula. Vivimos muchas veces en la Tierra, donde aprendemos y crecemos. Nuestra situación en el mundo depende mucho de lo que hicimos en el pasado, incluso aquí, en esta dimensión.

Se escucharon ataques violentos cerca de los edificios. Lívia advirtió a Sergiño, sin que Paula pudiera verla.

– Realmente la persiguen.

Después de permanecer en silencio por un momento, la chic dijo entre lágrimas:

– ¿Estás escuchando? Me llaman y me amenazan. Creen que vine sola, que dejé mi puesto. No saben que te encontré...

– No pueden entrar aquí.

– No me dejarán en paz...

Agarrando al chico por la camisa, le pidió:

– Necesito una dosis, tienes que conseguirla para mí. La quiero, no soporto vivir sin ella... ¡Ayúdame, por favor!

Cuando Sergiño intentó abrazarla, Paula lo empujó fuerte, se levantó de la cama y gritó agresivamente:

– Deja ya esta tontería. Quiero una dosis... ¡Ya!

Respiró hondo y su respuesta fue tranquila:

– Aquí no hay drogas, Paula, de ningún tipo.

– ¿Y por qué me trajiste aquí? – Le dio un puñetazo con rabia.

Afuera la pandilla gritaba cada vez más y Paula, que a través de la fuerte sintonía que los unía escuchaba sus amenazas, sentía crecer en su corazón la agitación y la agresividad.

– ¡Necesito irme con ellos! ¡Quiero irme con ellos! ¡Tienes que dejarme ir!

Al ver que la joven estaba perdiendo el control, Lívia recomendó:

– Intenta hacerle beber el medicamento que le están dando. Necesita volver a quedarse dormida.

Tan pronto como llegó la medicina, el chico insistió en que la tomara; la muchacha se resistió, atormentada al extremo. Lívia entonces aconsejó:

– Hay que actuar con rapidez. Sal y enciérrala aquí.

Sergiño la miró con expresión desesperada.

No quería arrestar a Paula, como si fuera un animal. La prima meneó la cabeza con desaprobación y suspiró:

– Si no actúas rápido, terminarás perdiéndola. Enciérrala y le haremos un tratamiento a distancia para dormirla.

Al principio dudó, pero la visión de la joven cada vez más fuera de control lo llevó a saltar de la cama, en un acto inesperado, encerrándola al salir. Paula corrió hacia la puerta y empezó a sacudir la reja gritando:

– ¡No puedes hacer eso! No voy a quedarme en este lugar en contra de mi voluntad. ¡Huiré! Quiero irme. ¡Quiero mi libertad! No me puedes arrestar aquí para siempre. ¡Déjame ir!

– Lo siento, es por tu bien.

– ¡Por mi bien, nada! ¡Déjame ir ahora! Quiero salir.

Lívia lo sacó de la habitación y lo llevó a una habitación, donde un grupo vibraba por la protección del Puesto de Socorro. La turba que estaba afuera lanzó sucesivos ataques contra el edificio.

– Unámonos con las vibraciones – dijo Lívia.

El personal del puesto comenzará a descargar relámpagos contra nuestros infelices hermanos. Son muchos y están enfurecidos.

– ¿Cómo supieron que ella estaba aquí?

– Siguieron sus pensamientos.

– ¿Nunca la dejarán en paz? ¿Por qué hacen esto?

Tienen tantos jóvenes bajo control...

– No quieren perder a nadie, Sergiño; ni en la Tierra ni aquí..

Las vibraciones continuaron durante más de tres horas. Poco a poco la situación se fue calmando y el grupo acabó dispersándose, no sin antes anunciar que regresarían.

Sergiño fue a la habitación de Paula, quien finalmente se había quedado dormida, bajo el efecto del trato que le habían dado. Al darse cuenta de su sueño perturbado, habló con los ojos llorosos:

– ¿Y ahora? ¿Qué vamos a hacer? Ellos regresarán...

– Si ella no lo acepta, será difícil para nosotros mantenerla aquí, el caso es realmente complejo.

En los días siguientes, el puesto sufrió varios ataques por parte de los compañeros de Paula, quienes intentaron sacarla y llevársela de regreso. Sergiño, junto a otros hermanos, buscó revitalizar a la joven, mientras llegaban equipos de refuerzo para colaborar en la protección del lugar.

Paula, por su parte, debilitada y enferma, estaba más desesperada por una dosis de los medicamentos a los que se había acostumbrado a consumir. En estrecha relación con la banda que amenazaba el Puesto de Socorro, ella insistió en que Sergiño la liberara, volviéndose cada vez más agresiva y amargada. Se sintió atraída por aquellos a quienes había abandonado y día a día la imagen empeoró.

El chico continuó brindando total apoyo a la antigua novia y Christian, por quien empezó a tener un inmenso cariño. El joven sufrió los impactos de la abstinencia y por momentos parecía un zombie, caminando por los pasillos de la institución. Profundamente deprimido, daba la impresión que estaba a punto de morir de nuevo, tanto le faltaba a su cuerpo espiritual la droga. A menudo él mismo pedía que lo encerraran por temor a huir de la institución en busca de una dosis.

Capítulo 11

Dulce retorno

ESE DÍA CHRISTIAN estaba especialmente abatido. Profundas ojeras marcaban su rostro y su mirada triste y distante delataba su corazón cansado. Irritado, deprimido y sin energía para luchar contra su malestar por la falta de cocaína, le comentó a Sergiño, que le llevaba sopa:

– No quiero comer, no tengo hambre.

– Necesitas alimentarte. Además, te hará ingerir no solo los alimentos, sino también los medicamentos que en ellos se depositan.

Colocando el plato en las manos del chico, insistió:

– Vamos, come un poco.

– No estoy de humor para nada. Quería desaparecer, dejar de existir. Me siento completamente desesperanzado y sin fuerzas para continuar... sé que nunca podré recuperarme...

Sentado al lado del paciente, Sergiño preguntó:

– ¡No digas eso! Hay tanta vida por vivir, no puedes rendirte...

Sin responder, le devolvió el plato y se tumbó de espaldas a su amigo.

– Vete, quiero estar solo.

El joven notó que la depresión de Christian iba en aumento; aunque participó en un grupo de terapia que lo apoyó en ese momento, su condición se había estancado en un mal momento. Buscó a Lívia.

– Necesitamos hacer algo, o no podrá... Estoy muy preocupado.

– Estuve hablando con Mesías y algunos de los líderes. Como sabes, la mayoría de las personas aquí reunidas tienen serios compromisos con el consumo de drogas. Se atiende especialmente a jóvenes que han fallecido directa o indirectamente a causa de ellas y que aun se encuentran muy enfermos, atrapados en las adicciones, el Centro también atiende a jóvenes que se encarnan como consumidores, brindando apoyo a diversos colectivos de la región que realizan tareas de recuperación, trabajando junto a dependientes. Octavio hará otro intento para ayudar a Christian. Debe participar en nuestra tarea esta noche. ¿Crees que podrás convencerlo de salir al aire?

– Haré lo mejor que pueda.

– Entonces nos vemos por la noche.

Sergiño pasó el resto del día en oración. Sabía que el problema de Paula y su amigo era muy complejo. Aunque Christian no pedía drogas, como su ex novia, la abstinencia se había vuelto para él en un sufrimiento atroz. Su dificultad para mantenerse era demasiado grande para estar limpio.

A la hora señalada, Sergiño llamó a su amigo, que estaba durmiendo.

– Despierta, Christian; vamos, hoy tienes una cita.

Con gran dificultad logró arrastrarlo hasta el lugar donde lo esperaban Lívia y otros trabajadores. También estuvieron varios jóvenes atendidos por la institución; algunos parecían dementes, otros medio despiertos.

El líder, como regla general en las reuniones que se realizaban diariamente, abría el Evangelio y comenzaba a leerlo.

Una suave luz azulada descendió sobre los pacientes, sometidos a un intenso tratamiento que venía desde lo Alto. Ellos; sin embargo, no percibieron ni pudieron sentir las sutiles emanaciones que los cubrían.

Después de leer, permanecieron en silencio, en oración. Los jóvenes que estaban siendo ayudados estaban agitados. Algunos suspiraron, otros gimieron, otros lloraron suavemente. Christian parecía perdido y distante; si algo no lo estimulaba a reaccionar, se volvería loco.

Se escucharon conversaciones en el pasillo. Un grupo numeroso se acercó. Christian mantuvo los ojos bajos, mirando al suelo. Luego notó que dos pies descalzos se acercaban. Miró esos pies pequeños y delicados y lentamente levantó la mirada hasta alcanzar el rostro inolvidable. Cuando miró esos ojos llorosos, dejó escapar un grito que mezclaba desesperación, angustia y sorpresa. Cayó al suelo llorando. Julieta se sentó en el suelo y lo abrazó, sin decir una palabra. Lloró profusamente al escuchar el pedido:

– No te rindas, hijo mío. Sé que puedes domar a este monstruo que devora tus entrañas. Es un monstruo terrible, lo sé, pero cree en Dios, te lo pido.

El Padre nunca nos abandona. Él siempre sabe lo que necesitamos y está listo para ayudarnos. Simplemente debemos hacer nuestra parte. Necesitamos querer y abrirnos a la intervención divina. ¡Lo lograste, sé que puedes!

Entre lágrimas, se limitó a balbucear:

– Mamá, perdóname por todo lo que te hice sufrir... Moriste por mi culpa, ¿no? Sabía que te había causado tanto dolor...

– Cálmate, Cristian. No morí; solo mi cuerpo duerme. Y en espíritu pude, por la misericordia divina, venir aquí.

Lloró desconsoladamente y su madre continuó, acariciándole el cabello:

– No llores, hijo. ¡Lucha! Todavía puedes proporcionarme una gran alegría. Continúo esperando tu recuperación. No me desanimo ni un solo día. Sé que estás aquí entre amigos que te quieren mucho y puedes superarte a ti mismo. ¡Espero con confianza el día de tu victoria!

Los presentes seguían hablando cuando la luz apareció en el salón y un espíritu de suave dulzura se hizo visible. Sus pies no tocaron el suelo. Flotó por la habitación donde los pacientes estaban flanqueados por familiares encarnados y desencarnados. Tocó a los jóvenes y a sus compañeros, como si depositara luz y energía en cada uno. Cuando se acercó a Julieta, la abrazó y les pidió a ambos que mantuvieran la confianza. Luego dijo una oración, pidiendo el apoyo del Altísimo y se despidió desapareciendo. Christian se levantó y, abrazado a su madre, fue llevado a su cuarto. Julieta lo ayudó a tomar la sopa, lo acomodó en la cama y luego le dijo:

– Deseo de todo corazón verte renovado, iniciando un nuevo camino. La vida siempre continúa y hay mucho que hacer para tu crecimiento. Confío en ti, Christian.

Lo abrazó durante mucho tiempo, hasta que la entidad que la había traído le informó que era hora de regresar. Christian lloró mucho al despedirse

.– ¿Cuándo podré volver a verte?

– Cada vez que tenga permiso, vendré a verte. Y tú también puedes visitarme.

– ¿Cómo?

– Hacemos el Evangelio en el Hogar todas las semanas. Puedes estar con nosotros en estos momentos e incluso en otros, cuando tengas las condiciones. Para ello, solo necesitas trabajar en tu recuperación, en recuperar el equilibrio.

– Pensé que te enfermaste y moriste por mi culpa.

– Estuve muy enferma, hijo, y es verdad. Pero, después de tu partida, Jesús me concedió la gracia de tener amigos encarnados que me apoyaron y sostienen hasta el día de hoy. Me introdujeron en las enseñanzas del Evangelio y del Espiritismo, y pude comprender que todo en la vida es una oportunidad para nuestra evolución. Aunque a veces la lección sea más dolorosa, siempre depende de nosotros, de nuestras elecciones.

Limpiando las lágrimas del rostro del muchacho, concluyó dulcemente:

– Ahora descansa, reúne todas tus fuerzas y lucha por la recuperación. Estaremos cada vez más cerca a medida que mejores. Y cuando realmente te recuperes, podrás visitarnos. No te rindas, hijo. ¡Sé que eres capaz de vencer!

Christian le dio un largo abrazo y luego ella se fue.

Era muy temprano cuando se sintió otro ataque en el Puesto de Socorro. Paula aulló en su celda. Christian, asustado, temblaba acostado en la cama. Sergiño corrió hacia ellos y los encontró desesperados. Al examinar detenidamente, notó formas–pensamiento que involucraban a ambos: había escenas de jóvenes consumiendo cocaína y crack, en una sala grande y bien decorada. Más de treinta, elegantemente vestidos, parecían saciados y felices, oliendo e inyectándose, usando drogas. Sergiño, horrorizado, buscó a Lívia, quien al ver las imágenes aclaró:

– Otros que los dominan mentalmente proyectan estas figuras sin cesar, recordándoles las ocasiones en que tuvieron experiencias intensas y placenteras con las drogas, para mantener despierto el deseo de volver a consumirlas.

– Es inhumano. ¿Cómo superarán eso reviviéndolo todo a través de imágenes?

– Necesitan salir del rango vibratorio de sus ex socios.

Mirándolos con pesar, Sergiño insistió:

– ¿No hay alguna manera de ayudarlos?

– Solo momentáneo. Podemos sedarlos.

Varias personas presentes tuvieron que ser sedadas para poder resistir el ataque que duró casi dos horas.

Posteriormente, en diálogo con su prima, Sergiño comentó:

– ¿No es posible evitar otros ataques de estos jóvenes?

– No puedes detenerlo.

– ¿Entonces, qué puede hacerse?

– ¿Quieres traer algunos de ellos aquí y tratar de tratarlos...?

– ¿Aquí dentro esos locos? No creo que sea una buena idea...

– Son nuestros hermanos, tan necesitados como estos que ya están aquí.

– Solo que nos están atacando.

– Quizás podamos ayudar a algunos mediante una labor de adoctrinamiento.

–¿Aquí?

– No. En la Casa espírita.

– ¿Y cómo los llevaremos allí?

– Tendremos que atraerlos.

– ¿De qué manera?

– Pensemos en algo...

Capítulo 12
Placer que dura poco

A LA MAÑANA SIGUIENTE, en una rápida reunión, Lívia, Sergiño y Mesías, además de Soraya e Iván – que trabajó con Octavio con jóvenes que se entregaban a la autodestrucción a través de las drogas -, elaboraron planes de acción que emprenderían por la noche. Actuarían de manera feroz y decidida, con el objetivo de rescatar y neutralizar las acciones del mayor número posible de quienes actuaron espontáneamente a favor de la oscuridad.

Contaban con la aprobación de espíritus superiores, igualmente preocupados por la situación de quienes intentaban recuperarse y se encontraban atrapados energéticamente, obligados a seguir arrastrándose en el dolor de la abstinencia. Utilizarían todos los recursos disponibles aprobados por la justicia divina.

Incluso antes que oscureciera, se dirigieron al destino en la corteza. Fueron a un bar refinado del sur de la ciudad de São Paulo. La entrada, la cola de jóvenes encarnados era grande; en pleno jueves, se multiplicaron para participar en una famosa balada. Sin embargo, el número de jóvenes desencarnados que se empujaban era infinitamente mayor. Venían de todos lados, vestidos con ropas oscuras y aterradoras. Algunos se unieron a los encarnados todavía en fila, cuando encontraron compañeros de igual contenido vibratorio que ya estaban asociados con ellos por patrón energético; la sintonía era tal que acoplaban con... total facilidad. Otros ya estaban enfrentando alguna dificultad e inmediatamente entraron al salón, buscando a esos jóvenes que inconscientemente los esperaban.

Al ver el cuadro, Sergiño lo comparó con una escena de las películas de vampiros, tan de moda hoy en día. Nada es por acaso. Los vampiros andan sueltos, los jóvenes los reciben sin darse cuenta y la cultura consumista y sin escrúpulos del siglo XXI los traduce en bellos personajes de la literatura y el cine.

Entraron. Soraya e Iván identificaron a muchos jóvenes que formaban parte de la pandilla que literalmente incluía a Paula y Christian. Muchos de los líderes estaban presentes. En un lado oscuro del vasto salón, dos jóvenes consumían drogas y alrededor de una veintena de entidades los animaban a consumir cada vez más, disfrutando de las sensaciones que experimentaban los encarnados. Al mismo tiempo que absorbían tales emanaciones también drenaron su energía, desvitalizándolos y debilitándolos. Sobre todo, dominaron su voluntad y los hicieron esclavos, desde el momento en que encarnaron, al servicio de sus amos espirituales, cuyo poder se materializó en el objeto de deseo que más apreciaban: una nueva dosis.

Dos mujeres jóvenes estaban hablando:

– ¿Tienes algo?

– Tengo.

–¿De la buena?

– Excelente. Lo probé esta tarde.

– ¿En la tarde? ¿Dónde?

– En casa.

– ¿Estás loca?

– Mis padres no estaban...

– ¡Realmente estás loca! ¿Y si llegara uno de ellos? Estarías perdida.

La primera se encogió de hombros y respondió:

– Ni siquiera quiero saberlo. ¡Quiero más! Cada vez más.

– Mira, ten cuidado... Este negocio se nos está escapando de control.

– ¡Nada! ¡Es eso lo que es realmente bueno! Y luego, ya no soporto la falta. Tengo que usarlo más a menudo.

– ¡Entonces eres adicta! ¡Eres una causa perdida!

– Cállate y tómatelo con calma. ¿No quieres?

– No, Larissa, no querré.

Y se fue, dejando a la otra mujer refunfuñar.

Soraya explicó:

– Quienes se dejan dominar de esta manera necesitan dosis cada vez mayores. Y no se trata solo de aumentar el placer momentáneo que proporciona su uso. Los vampiros chupan y siempre exigen más. El tiempo para el placer acaba siendo muy corto, y la necesidad de uso crece demasiado. Estos son candidatos a desencarnar muy rápidamente.

– ¿Estarán drogados pronto?

– Es posible. En cualquier caso, pierden la oportunidad de encarnación por un placer intenso, pero fugaz, tremendamente efímero. Y se vuelven esclavos de sus compañeros desencarnados durante largas décadas, o hasta que les lleguen las intercesiones, como pasó con Paula y Christian.

Mientras hablaban, entró el ser luminoso que los había visitado el día anterior en el puesto.

– ¿Están listos?

–Sí.

Un gran grupo de entidades de aspecto joven entró en la sala. Siguieron medidas contra varios jóvenes que consumían drogas en compañía de vampirizadores desencarnados, en un número mucho mayor. La acción magnética unía energéticamente al desencarnado al encarnado, sin que ni uno ni otro pudieran percibirlo.

Luego, también mediante magnetización sobre el centro de fuerza que presentaba mayor vulnerabilidad considerable en cada uno de los jóvenes señalados, comenzaron a sentirse muy mal, en medio de la sala. Algunos se desmayaron, otros vomitaron, otros gritaron de dolor en todo el cuerpo. Al ocurrir el incidente simultáneamente con doce personas, el lugar fue inmediatamente multado y, una vez contactado el servicio médico, todos fueron trasladados al hospital. En cuanto a los espíritus, intentaron alejarse de inmediato, con la intención de comprobar lo que sucedía; si el joven fallecía, eso era todo lo que querían: tomarían posesión de él inmediatamente. Pero no pasó mucho tiempo antes que se dieran cuenta que se había producido una confusión inusual. Muchos jóvenes se sentían enfermos al mismo tiempo, lo cual era inusual. Era sospechoso. Y confirmaron que la luz estaba presente, cuando se encontraron atrapados con los encarnados.

Como los encarnados fueron ayudados con los medicamentos adecuados, se depositaban dosis de anestésicos invisibles en los frascos de suero y se les administraban, y también eran transferidos a los desencarnados, quienes permanecían en extremo letargo. Todo ocurrió muy rápidamente, sin que la intervención de los mayores miembros de la banda pudiera impedir el operativo. De hecho, llegaron pronto, pero el grupo del Puesto de Socorro ya se alejaba, llevándose consigo a más de doscientos jóvenes desencarnados, quienes, en estado de letargo, no opusieron resistencia significativa.

Tan pronto como se abrieron las pesadas puertas de la estación, en embestida, el grupo entró y se activaron las defensas.

La banda de espíritus que atacó la institución sufrió bajas considerables. Se lo estarían perdiendo. Sergiño preguntó:

– ¿Por qué tanta preocupación? Ahora son pocos.

– Aun así, tiene mucho poder. Debemos tomar todas las precauciones.

Impresionado por la cantidad de recién recogidos que le parecían peligrosos – a pesar de estar dormidos –, preguntó:

– ¿Y ahora? ¿Cómo nos irá con tantos jóvenes aquí? ¿Podremos cuidar de todos?

– Mientras permanezcan en este estado realizaremos un triaje rápido. Aquellos que muestren alguna posibilidad de recuperación se quedarán aquí, para que podamos intentar rehabilitarlos. Los demás...

Hubo un largo silencio, en el que Sergiño esperó la respuesta. Finalmente, Lívia completó:

– Muchos serán eliminados del planeta. Ya no pueden habitar la Tierra.

La noche fue larga y llena de trabajo en la estación. En esas horas no se produjeron ataques. De todos los recogidos, solo 43 jóvenes quedaron para intentar el tratamiento.

Capítulo 13
Elección de cada uno

DESPUÉS DE ESA NOCHE, solo hubo dos ataques: uno la noche después del desfalco de la pandilla y otro en menos de una semana. Viendo frustrados sus intentos, cesaron en ellos, aunque no abandonaron su propósito; iban a prepararse para obtener un mejor resultado. Cualquiera sea el caso, el odio se enfrió. Christian, libre de las imágenes mentales de jóvenes consumidores de drogas, que incluso desde lejos la pandilla le insuflaba, reveló una mejora progresiva y se fortaleció.

Sergiño siguió de cerca la recuperación del amigo.

– Lo lograrás, Christian, ahora y de verdad.

– Eso creo, hombre. Recuerdo el encuentro con mi madre todos los días. ¡Caramba! Quiero hacerla feliz. Esto alimenta mis fuentes. Sé que ella ora por mí. Últimamente puedo sentir sus oraciones tocándome suavemente, como un bálsamo que me calma.

Abrazando al muchacho, Sergiño aseguró con una sonrisa:

– ¡Va a funcionar! Ya está, ya está.

Christian lo miró y dijo:

– No estás feliz, ¿verdad?

– ¿Puedes notarlo?

– ¡En la cara, maldita sea! ¿Es Paula? Todavía está en sus manos, ¿no?

– Creo que con ella pasa lo mismo.

Se le llenaron los ojos de lágrimas y soltó:

– Ya no sé qué hacer, me estoy desesperando... Ella no quiere mejorar...

– Repetiré lo que me dices todos los días: no te rindas.

Sergiño se secó discretamente los ojos, sonrió y se fue.

– Y hablando de Paula, le voy a llevar la sopa.

Christian pensó en el poderoso vínculo que unía a esos dos. En ese lugar había ido aprendiendo mucho sobre temas como este.

Al llegar a la habitación de la joven, Sergiño quedó desconcertado. Ella no estaba allí. Dejó el plato de sopa sobre un mueble y salió ansioso a mirar por todas partes. No la encontró por ningún lado. Caminó como loco por los pasillos hasta encontrarse con Lívia. Jadeando, soltó:

– Ella se escapó, se fue. Todo salió mal. Realmente no quiere curarse... ¡Dios mío, no puedo aceptarlo! Ella lo sabe todo, ha estado recibiendo ayuda, orientación...

– Cálmate, Sergiño. Busquemos ayuda.

– Estoy preocupado, sé que ella va a volver con esos locos...

Tomando al primo de la mano, lo condujo apresuradamente a una habitación donde, junto a otros amigos, comenzaron a orar. Sergiño pidió ayuda a Jesús y le rogó que ayudara a la joven que tanto amaba a rehabilitarse en la vida espiritual. Su oración sentida, fortalecida por la fe que había ido adquiriendo, pronto recibió respuesta: el ambiente se volvió aun más luminoso y una luz suave la inundó. Un grupo de mensajeros de María entró en la habitación. Sergiño, arrodillado ante aquellas hermanas luminosas, derramó lágrimas de dolor. Se sentía cansado por el esfuerzo que había estado haciendo, inútilmente, por su novia.

Envuelto en las energías balsámicas del amor y la fraternidad, pronto apareció renovado. Una de las hermanas le dijo:

— Tranquilo muchacho, vinimos a ayudar. Calma tu corazón y permanece en altas vibraciones por ella.

Se fueron entonces. No pasó mucho tiempo y el grupo regresó con Paula traída en una camilla, dormida.

Sergiño se acercó nada más llegar y miró con ternura el rostro herido, los brazos llenos de marcas de pinchazos de agujas. Acarició el rostro de la niña y, con tristeza, preguntó:

— ¿Dónde la encontraron?

— Se desmayó no muy lejos de aquí.

— ¿Desmayada?

— Parece estar muy débil...

— No ha estado comiendo adecuadamente y no duerme bien, muy perturbada. Ella se resiste obstinadamente al bien que podría salvarla...

Tocándole suavemente el hombro, una de las hermanas le aconsejó:

— Es hermoso ver el cariño que le tienes. Es fuerte y genuino. Nunca te pierdas esto. Ahora es importante comprender que el verdadero amor quiere el bien del otro, aunque para ello tengamos que renunciar temporalmente a la persona que amamos. Ya que este es el tipo de amor que tienes por esta joven, ten fe y confianza. Había triunfado.

El chico sonrió agradecido. Paula fue llevada de regreso a su habitación, donde permaneció inconsciente.

Sergiño deambulaba tristemente por los pasillos del Puesto de Socorro.

— ¿Qué pasó? – Le cuestionó Lívia –. Hace días que te veo tan abatido. ¿Qué hay ahí?

– No entiendo cómo el mal puede triunfar sobre el bien. En el caso de Paula, esto es lo que está pasando.

– El mal no ha triunfado, solo está obteniendo una pequeña ventaja. No hay victoria hasta que termine la lucha. Y la cosa no terminó para Paula.

– Pero...

– No te puedes olvidar que siempre se respeta nuestro libre albedrío; tenemos autonomía para tomar nuestras decisiones. La libertad, una de las mayores aspiraciones de todo ser humano, lamentablemente es mal comprendida por los hombres, especialmente los más jóvenes e inexpertos.

– Siempre podemos elegir nuestro camino.

– Sí, pero la libertad efectiva está en el dominio de los impulsos, de las pasiones, de los deseos. Solo cuando adquirimos control sobre nosotros mismos nos volvemos verdaderamente libres. Hasta que esto suceda, seremos esclavos de los instintos y las pasiones. Si no ejercitamos el autocontrol, los impulsos inferiores controlan nuestro destino. Paula todavía se deja dominar por sus imperfecciones, lo que la hace presa fácil para los hermanos de las tinieblas.

– ¿Y por cuánto tiempo seguiría así, sometida a su propio lado más oscuro? Me temo que no podré quedarme en la Tierra...

– ¡Ya has visto tantas historias de victorias! Fortalece tu fe en Dios. Nadie se queda sin apoyo, jamás. Seguramente la ayuda para Paula había llegado.

– ¿Por qué le resulta tan difícil deshacerse de este grupo? ¿Por qué está estancada hasta tal punto? ¿Por qué ejercen tanta influencia sobre ella?

– Vayamos a su habitación. A ver si nos puede ofrecer condiciones de sondear su pasado.

Utilizando las emanaciones del periespíritu de Paula, aun dormida y fuertemente sedada, Sergiño siguió detalles de la antigua encarnación de la joven y de su activismo en la guerrilla, luego de ser secuestrada por los hombres de Diego. Habiendo visto todo, preguntó:

— Pero yo también participé en esta historia y eso no significa que esté vinculado a este grupo, bajo su control.

— Al incorporarse a la guerrilla, en principio tú creías que quería la igualdad social. Entonces te diste cuenta que su ambición era muy grande. Fue esta misma ambición la que arrojó a Paula en manos de los soldados revolucionarios. Sin embargo, como observaste, ella fue más allá; quería más y después de algún tiempo se unió voluntariamente a los ataques y saqueos de aldeas civiles desprotegidas. Odiaba a los que tenían más dinero que ella. La envidia creció y, en el fondo, impulsó sus decisiones.

— ¿Entonces todo el tema de la lucha por la igualdad social era mentira?

— Fue solo la apariencia, la justificación que usaron para unir a la gente en torno a sus ideas. Ya desde el principio, cuando estallaron las primeras revueltas, incluso antes que se estructuraran las fuerzas guerrilleras, los miembros del grupo que las originó tenían en lo más profundo de sus corazones el rencor hacia los que tenían más que ellos.

— Pero, ¿la verdadera fraternidad no propone que todos seamos iguales?

— Sí, todos somos iguales ante Dios, en nuestros derechos y deberes. Sin embargo, existen diferencias en las aptitudes, el desarrollo intelectual e incluso las cualidades morales, y los individuos se distinguen naturalmente en función de esos factores. Por tanto, es imposible tener una perfecta igualdad de riqueza.

— ¿Significa esto que tenemos que aceptar las absurdas desigualdades sociales, ver a unas personas sufrir tanto y otras tan poco? Creo que eso es injusto.

Lívia guardó un breve silencio antes de aclarar:

— No será con rebeliones, agresiones o revoluciones que alcanzaremos la igualdad. Se necesita que haya más humildad y menos egoísmo en el corazón humano. Solo así se reducirán al mínimo las desigualdades. En los planetas más evolucionados, los más fuertes colaboran espontáneamente con los más débiles, ya sea en un sentido material, intelectual o moral. Éste es el papel de quienes más tienen: contribuir al desarrollo colectivo.

— Eso no es lo que sucede en nuestro mundo. Al contrario. Los más ricos malgastan sus fortunas en cosas absurdamente superfluas, mientras miles de seres humanos viven en condiciones inhumanas.

— Lo sé. Y eso desaparecerá cuando mejore el desarrollo moral en la Tierra. Por la fuerza, Sergiño, no se producirán cambios efectivos y duraderos.

Solo el amor puede promover la transformación de la realidad para mejor. Paula, en nombre de un ideal que escondía otros deseos y ambiciones, cometió muchos actos de violencia contra sus hermanos, como puedes comprobar en nuestro seguimiento del pasado. Fue en estas acciones violentas, en esta ansia de poder, camuflada en una aspiración de igualdad, que estableció vínculos con este grupo. Han vivido juntos desde entonces.

Mirando dulcemente a la joven dormida, añadió:

— La rebelión y la insubordinación nos llevan a ir contra la ley del amor, y de este modo, aunque tengamos justificaciones plausibles para nuestras actitudes, las consecuencias nos alcanzarán, tarde o temprano. Somos responsables de todo lo que hacemos, positivo o negativo. Somos responsables de lo que tenemos, somos o vivimos, y a través del amor podemos transformar lo que no nos gusta. Necesitamos poner amor en nuestras vidas; él nos ayudará y nos llevará a vivir experiencias trascendentes. El amor nos eleva, nos hace crecer, nos cambia para mejor; llena de significado nuestra existencia, haciéndola llena de buenos logros en todos los sentidos. Tenemos que dirigir el amor a todo y a todos los que nos rodean. De esta manera seremos verdaderamente felices. Solo el amor es capaz de construir un mundo nuevo, primero a nuestro alrededor. Al estudiar la Doctrina Espírita, comprendemos la cuestión de las diferencias sociales y descubrimos la forma más adecuada de contribuir a cambiar la sociedad es no tomando las armas, sino actuando en el bien, con Jesús, el mayor revolucionario que jamás haya existido.

Lívia guardó silencio y su primo permaneció pensativo un rato, mirando a lo lejos. Finalmente preguntó:

– ¿Y a quién le importa el consumo de drogas? ¿Quién está detrás de la enorme propagación que vemos hoy en el mundo?

– Sabemos que poderosas mentes desencajadas, de alta inteligencia, pero con una profunda conexión con la oscuridad, actúan sobre la mente de los encarnados.

– Es verdad...

– A nadie más que a un poder político y económico distorsionado podría interesarle a los jóvenes en masa anestesiar su conciencia, destruyendo las posibilidades de una encarnación – tan difícil de obtener –, desechándolo todo, ¿anulándose por la adicción? Si las criaturas son conscientes, si piensan con claridad, tomarán las decisiones correctas y escaparán de la interferencia de tantas herramientas de control que se extendieron por la Tierra. Los abusos de la televisión, las apelaciones al consumismo, las promesas de éxito que produce autómatas que persiguen sueños que no les pertenecen, la amplia gama de bebidas que son adictivas y, a la larga, también enferman a la gente: todos estos son instrumentos de manipulación. ¿Cuánto valen estas mentes? Y necesitan tener cuidado para no dejarse dominar.

Lívia hizo una breve pausa y luego concluyó:

– Conocer a fondo la Doctrina Espírita, comprender sus postulados y, más aun, asimilar las lecciones de vida que trae consigo, son medidas capaces de ayudar decisivamente a todos los jóvenes: el Evangelio de Jesús, la práctica del bien, el amor, en definitiva.

Esta es la mejor manera de oponer una resistencia pacífica y firme a todo aquello en lo que no creemos y que queremos mantener en nuestro planeta. Cambiar el mundo es un deseo saludable para los jóvenes, no solo posible, sino también necesario. Sin embargo, es necesario saber cómo hacerlo para no caer en las trampas de poderes ocultos, acabando sirviendo a sus intereses. Sin esta conciencia, los jóvenes son utilizados por quienes quieren que estén debilitados, enfermos y sin espíritu, sin creer en sí mismos.

El enfermero entró a la habitación para darle a Paula una nueva dosis de sedantes.

Capítulo 14

Bendita oportunidad

VALIÉNDOSE DEL PRECIOSO recurso de la oración, Sergiño comenzó a orar pidiendo apoyo divino para Paula, todos los días, a las seis de la tarde. Hizo esto durante dos semanas, sin interrupción.

Esa tarde, apenas terminó su oración, vio a Mesías en la habitación.

– Tengo noticias importantes para ti.

– ¿Paula se volvió a escapar?

– No, está sedada.

- Pero ¿qué pasa con ella? Nada le interesa más.

– Tus oraciones recibieron respuesta de los planos más elevados.

Sergiño miró atentamente a Mesías, quien continuó:

– Paula debería regresar, en una nueva encarnación. Esta es la única manera de ayudarla en este momento.

Sin mostrar sorpresa, el muchacho comentó:

– Ya lo imaginaba. Aunque preferiría que no fuera así, si no hay otra manera...

– Puedes estar seguro que es lo mejor.

– ¿Y cuándo será? ¿Tendremos al menos la oportunidad de hablar antes que regrese?

– Ya no despertará del sueño que la protege. Cuando todo esté preparado, comenzará el proceso de transformación del periespíritu y éste se acoplará al nuevo cuerpo físico. Lo siento, pero es lo más conveniente.

– Así es, Mesías. Sé que si Dios está decidiendo así es porque es lo mejor. ¿Cómo puedo ayudar?

– Podrías colaborar mucho. A partir de ahora, mientras esperamos condiciones favorables, puedes hablarle, haciéndole consciente de la maravillosa oportunidad que está recibiendo con su regreso al cuerpo físico. Aunque esté en un profundo letargo, registrará tus palabras y en particular las vibraciones que le diriges, siempre que logres hacerlo con amor y confianza en el futuro, sin mostrar tristeza.

Tragándose el nudo que le oprimía la garganta, Sergiño comentó:

– Haré todo lo que pueda para ayudarla. Cuenten conmigo.

– Excelente. Empecemos ahora mismo y aprovechemos nuestro tiempo, ya que no sabemos cuánto nos quedará.

A partir de entonces, el muchacho pasó muchas horas junto a Paula, contándole sus experiencias en el mundo espiritual y cómo podría reconstruir su vida si confiaba en Dios y elegía el camino del amor. Las veces que se agitaba, la calmaba orando y vibrando amor y confianza. Cuando estaba tranquila, la contemplaba, en un sueño profundo, y acariciaba su rostro, esperando que ese ser amado alcanzara el equilibrio y la fe en la próxima encarnación.

Fue en uno de esos momentos, cuando dijo que siempre estaría cerca de ella, que encontró lágrimas brotando de los ojos de la joven. Esto le dio la confirmación que Paula lo estaba escuchando. Estaba acariciando su rostro cuando entraron Mesías, Lívia y Octavio. Los miró y supo al instante:

– ¿Llegó la hora?

– Sí, la mujer que albergará el cuerpo físico de Paula está lista para recibirla.

Sin demora, el grupo descendió de la corteza, siguiendo por la Avenida 23 de Maio, en la ciudad de São Paulo, hasta la marquesina de un viaducto. Tumbada sobre cajas de cartón yacía una mujer completamente borracha, sucia y desaliñada. Su fardo de ropa era la almohada sobre la que dormía.

Sergiño, con los ojos llorosos, preguntó:

– ¿En estas condiciones?

Tocando el hombro del chico con respeto y amabilidad, Mesías intentó tranquilizarlo:

– Será beneficioso para ambas.

Después de un largo procedimiento, el sueño de Paula se hizo aun más profundo. Su cuerpo espiritual se encogió, hasta que adoptó la diminuta forma de un feto en las primeras etapas de la gestación, y fue cuidadosamente adherido al óvulo que acababa de ser fertilizado. La conexión era frágil y Mesías guio a los primos:

– Deberán seguir con mucha atención los próximos días. La conexión es muy débil y puede romperse fácilmente. El grupo que persigue a Paula no ha podido rastrear sus vibraciones y no nos ha atacado en los últimos tiempos; aun así, hay pocos cuidados. Además, las condiciones de nuestra hermana que acoge a Paula son precarias. Se debe mantener el tratamiento energizante de los centros de fuerza de ambas, de manera que se consolide el vínculo temporal entre ellas.

– ¿Qué pasa si la mujer no quiere el bebé?

– Es posible que esto suceda. Grabamos en el corazón de nuestra hermana la necesidad de generar vida en su seno, como una forma de sensibilizarla sobre el alto significado de la vida. Sin embargo, como sabe, no tenemos esperanzas que se haga cargo de la niña.

– ¿Va a sacarse al bebé?

– Esperamos que no, pero es muy probable que lo abandone al nacer.

– ¿Y qué haremos?

– ¿Conoces a alguien que podría aceptar a Paula y criarla como a una hija?

Los ojos de Sergiño se iluminaron.

– ¡Patrícia! ¡Por supuesto!

Pasaron los días. Mercedes, involucrada con Sergiño y Lívia, tardó en darse cuenta que estaba embarazada. Cuando se dio cuenta, ya había cumplido cuatro meses de embarazo. Buscó un refugio y contó su historia, pidiendo que la ayudaran a sacar al bebé. Se le informó que después del tercer mes los riesgos aumentaban significativamente.

– ¡No puedo tener hijos! Ya he abandonado como cuatro... ¿Ahora viene este? ¡No quiero!

Mientras gritaba, Paula temblaba, sintiendo la desesperación y la repugnancia de la mujer que la iba a parir. Calmada por el encargado, la mujer comió y descansó antes de volver a marcharse. Y fue así, hurgando en la basura, que Mercedes generó el nuevo y frágil cuerpo de Paula.

Durante este período, Lívia y Sergiño trabajaron todo lo que pudieron para fortalecerlas a ambas, ya que la mujer seguía bebiendo y apenas comía. Para empeorar las cosas, cuando conseguía algo de dinero mendigando, compraba drogas. La formación del feto fue pobre y debilitada. En raros momentos de lucidez, Mercedes reflexionó sobre ese niño y los demás que había abandonado. Lloró mucho y pronto buscó el consuelo de la bebida y las drogas.

A veces la situación se volvía aun más crítica.

Un verdadero enjambre de espíritus alborotados se acercó a Mercedes y la envolvió. Logró caminar sin rumbo fijo, como si hablara consigo misma, cuando en realidad era con ellos con quien hablaba. Pudo verlos, a través de una mediumnidad gravemente enferma. La atacaron – parecían conocerla de otras épocas –, y en una ocasión fue necesario que Sergiño y Lívia acudieran a un grupo de jóvenes espiritistas para ayudarla. El líder del grupo, instruido por los dos primos, dijo:

– Hoy iremos al Viaduto Doña Generosa.

– ¿Por qué? – Fue interrogado por los colaboradores.

– No lo sé, simplemente siento que tenemos que ir allí.

Se dirigieron al lugar propuesto. Cuando llegaron, no encontraron nadie más que a Mercedes tirada en el suelo, gimiendo de frío y hambre. Angelo, el responsable del grupo, se acercó a ella con compasión y, al observarla, le ofreció leche caliente y pan. Mercedes ni siquiera respondió. Se sentó y con avidez, casi desesperada, comió cinco panecillos y bebió tres vasos de leche. Cuando la vio terminar, Angelo declaró:

– Necesitas mantas, vamos a buscarlas.

Sin decir nada, la mujer se volvió hacia el otro lado. Angelo, inspirado por Sergiño y Lívia, le proporcionó mantas y se las llevó al mendigo, que ni siquiera agradeció. Luego invitó a los doce jóvenes con sus compañeros a permanecer concentrados frente a ellas vibrando por la mujer, y todos oraron por ella. Afectados por la acción de las vibraciones sutiles que emanaban del grupo, además de las que venían desde lo Alto sobre esas dos vidas, los espíritus que ya habían comenzado a dañar al feto con sus energías deletéreas intentaron dispersarse. Por alguna razón oculta, sintieron que Mercedes no era la persona con la que querían estar en ese momento. Las oraciones continuaron, atrayendo más fuerzas vigorizantes. Finalmente, Mercedes se durmió logrando un sueño reparador.

– Ya podemos irnos – advirtió Angelo –. Nuestra tarea ha terminado.

–¿Cómo lo sabes?

– Siento que lo que vinimos a hacer aquí está cumplido, eso es todo.

Mientras se alejaban del fétido lugar que servía de residencia a Mercedes, uno de los muchachos comentó:

– ¡Vaya, qué mujer más ingrata! No nos dijo una sola palabra. Le dimos comida, mantas, oramos por ella y ni siquiera nos dijo gracias...

Angelo contactó a todos y comentó:

– Bueno... Imagínense el grado de necesidad y dolor que ha estado sufriendo esta mujer. Es muy necesitada. Tendremos que volver otra vez.

Así, el grupo fue un importante aliado de Sergiño y Lívia en la labor de apoyo a la madre y a su hija, donando no solo alimentos y ropa, sino también – y principalmente –, energía que se transforma en fluidos reconstituyentes y fortalecedores en las manos de los dos primos para que Mercedes pudiera llevar a cabo la tarea de dar la bienvenida a Paula a su nueva vida.

Capítulo 15

Volviendo a la carne

ERA UNA MAÑANA MUY FRÍA, cuando una fina llovizna caía sobre la ciudad y Mercedes empezó a sentirse mal y a gritar de dolor. Ayudada por un policía que patrullaba el viaducto, entró en la Santa Casa y en menos de tres horas trajo al mundo a una niña. Paula, reencarnada, nació muy por debajo del peso promedio para su edad gestacional; sin embargo, gracias al esfuerzo de Sergiño y Lívia, así como a la ayuda del grupo de jóvenes encarnados, bajo la dirección de Angelo, se completaron los nueve meses de embarazo. Nada más nacer la niña, el obstetra la examinó sin mucha precisión y pronunció con cierta indiferencia:

– Muy débil... No creo que sobreviva.

Miró a Mercedes, que después del esfuerzo que había realizado – el parto había sido normal –, estaba cansada y somnolienta, y habló bajando la voz:

– ¿Tenemos incubadoras gratuitas y que funcionen?

– Tenemos una, doctor.

– Así que ponla ahí 24 horas y ya veremos... Si no aparece ningún otro niño que l necesite, se quedará.

– ¿Y la madre?

El médico que dio a luz al bebé respondió:

– Que vaya a la enfermería, hasta mañana por la mañana. Todavía huele a alcohol y es una pobre... A pesar de todo, se pondrá bien. Cuando le den el alta le entregaremos el bebé y... paciencia, lo que Dios quiera. Realmente no tenemos ninguna estructura aquí. Lo que sea...

A pesar de las terribles condiciones físicas, emocionales y espirituales en las que se encontraba, a la mañana siguiente Mercedes se había recuperado satisfactoriamente. En un raro momento de lucidez, apenas se dio cuenta que la niña había nacido, abandonó el hospital; se escapó, no queriendo saber nada de ella. Quería alejarse de ese lugar. Tenía miedo de morir allí. Regresó al viaducto, donde había dejado sus escasas pertenencias, tomó lo que quedaba y desapareció. No quería que nadie la encontrara.

Sergiño, con profunda emoción, contemplaba al bebé en la incubadora, cuando entró Lívia y anunció:

– Mercedes se escapó.

– ¿Y ahora qué vamos a hacer? – murmuró mirándola.

– Cuidar a la niña.

– ¡Qué débil! No creo que se resista...

Mirando tranquilamente a su prima, Lívia reflexionó:

– Tenemos que confiar, Sergiño. ¡Ella lo logrará!

– Que linda es... A pesar de ser tan débil, veo que Paula te ama por dentro. ¡Y espero mucho que pueda...!

Ambos trabajaron sin cesar, fortaleciendo su frágil cuerpo e intuyendo a médicos y enfermeras. Tan pronto como fueron informados que la madre había abandonado a la recién nacida, los empleados informaron al responsable del consejo de protección infantil del área. Si el bebé sobreviviera, sería trasladado al refugio. Una de las enfermeras comentó:

– Incluso tendría a alguien interesado en un recién nacido... Pero nadie querrá eso, no. Es muy débil y fea. ¡Es horrible! Tomará trabajo el que quiera adoptarla y a los ricos no les importa el trabajo...

– Baja la voz, Isaura. ¿Quieres que alguien sospeche de nuestro plan?

Encogiéndose de hombros, la primera respondió:

– Ni siquiera estoy feliz. El doctor Paulo lo sabe todo y hasta nos ayuda...

– Sí, pero ésta – señaló la cuna calentada –, nadie la querrá.

Pasaron unos días y el estado de la niña fue mejorando paulatinamente, hasta salir de la incubadora en razonables condiciones, sorprendiendo a los profesionales que la atendían. Después de recuperarse debido principalmente a una ictericia, la trabajadora social la llevó al albergue que se convertiría en su hogar. Sergiño y Lívia siguieron todo.

El bebé fue acogido por Guiomara, una mujer de unos sesenta años responsable del centro de acogida, que atendía a más de setenta niños de todas las edades. Ana Paula, la trabajadora social, comentó:

– Aun no tiene nombre. Necesitamos proporcionar registro.

–¿Y la madre?

– Desapareció.

–Ah, Dios mío, qué triste...– se lamentó Guiomara –. Una más...

Tomando a la frágil niña en sus brazos, la colocó en la cama y la cambió suavemente:

– Y muy débil. ¿Trajiste la medicina?

– Está aquí.

– Voy a necesitar ayuda con leche y vitaminas. Este bebé necesita muchos cuidados para que pueda sobrevivir. Me diste un problema esta vez...

Ana Paula la miró a través de sus lentes:

– Eso lo sé, Guiomara. La trajimos aquí porque sabemos el cuidado con el que manejó otros casos similares. Haz lo que puedas por la niña.

Guiomara pensó un rato, luego se levantó y habló con decisión:

– Les pediré a los mayores que me ayuden con esto. Sé que necesitará mucho cariño si queremos que se desarrolle.

Salió de la habitación y regresó después con dos niñas, una de catorce años y otra de casi dieciséis, a quienes les encantaba ayudar con los más pequeños.

– Aquí está el bebé que acaba de llegar.

– ¿Cómo la llamarás, tía?

– Todavía no sé – Ana Paula sonrió mientras respondía.

– ¿Podemos elegir un nombre?

– ¿Y cuál sería?

– Bela, como en "La Bella y la Bestia". Ella será una niña hermosa...

– Está bien. Es hermoso. Se lo sugeriré al juez que levantará el expediente. Creo que estará de acuerdo.

Y las dos ya tomaron a la niña en brazos, llamándola por el nombre elegido.

– Tengan cuidado con ella, está muy débil. Sean cuidadosas y lávese bien las manos antes de manipular al bebé.

Las niñas entregaron a Bela a Guiomara y pronto regresaron con el biberón preparado. Después de recibir la comida caliente, el bebé se quedó dormido.

Sergiño miró a Bela en la cuna, desgastada por el tiempo y el uso, y comentó:

– Está muy débil... Mercedes no ayudó mucho... Ella parece completamente indefensa. Dios mío, Lívia, ¿podría haberlo logrado?

– No critiques a Mercedes, que hizo un aporte enorme. A través de ella, Dios trajo a Paula de regreso a este mundo. Debemos orar por ella y ser agradecidos.

El chico guardó silencio y la prima continuó:

– Además, su cuerpecito es tan frágil debido en gran parte al estado de su periespíritu. Aun así, la mejor manera de contener los impulsos de su alma es debilitando su cuerpo físico. Tú lo sabes.

– Sí, lo sé.

– ¡Entonces confía! ¡Lo que parece malo en realidad es una bendición!

Sergiño miró largamente al bebé que dormía profundamente. Luego, en un impulso lleno de emoción, se arrodilló frente a la cuna y oró, rogando a Jesús que tuviera misericordia de Paula y la ayudara a detener su vida en ese cuerpo frágil y enfermo. Finalmente se levantó y dijo con los ojos llorosos:

– Bela, para mí eres muy hermosa. ¿Escuchaste, cariño? Acercándose a ella, le habló al oído:

– ¿Escuchaste, Paula? Eres muy valiosa para mí. Sé fuerte. ¡Vencerás!

– Vamos, Sergiño – invitó Lívia –, tenemos mucho trabajo.

– No puedo salir de aquí ahora. Quiero estar cerca del bebé para que no le pase nada.

– No es necesario que gastes todo tu tiempo a su lado. Ella estará bien.

– No podemos correr el riesgo que algo se interponga en nuestro camino, después de todo...

– Quédate tranquilo. Este refugio tiene muchos trabajadores de Jesús. Ven a conocer a Tiago, que trabaja aquí. Él le brindará a Paula todos los cuidados mientras no estemos. Ya le hablé de la situación. Tenemos un fiel aliado en este hermano y dedicado amigo de los niños.

– Te lo agradezco y me siento más tranquilo – dijo cuando le presentaron al servidor. – ¿Y a dónde vamos?

– Primero, a buscar a Mercedes y mirar si necesita algo. Luego, ir a un lugar donde podamos tener tiempo para organizarnos. Hay que empezar a trazar planes para acercar a Patrícia a Paula; es decir, a Bela. Cuanto antes hagamos esto, mejor será para ambas. Por lo que dijiste, Patrícia también necesita ayuda.

– Tienes razón, tenemos que acercarlas.

Sergiño pasó más tiempo con Paula, haciéndole mil recomendaciones a Tiago, y luego se fueron. Había mucho por hacer.

Capítulo 16

La lucha contra la depresión

AL SALIR DEL HOSPITAL, brindaron a Mercedes la asistencia vibratoria posible, dada su precaria condición de receptividad, y regresaron al puesto de socorro. En el camino, Sergiño comentó decepcionado:

– Pensé que íbamos directo a la casa de Patrícia. Tenemos que darnos prisa... Al fin y al cabo, Paula no puede quedarse mucho tiempo en el refugio... Un hogar es lo mejor que necesita en este momento.

– Si bien entiendo tu ansiedad, recuerda que Dios siempre tiene el control. Él sabe todas las cosas y a nosotros nos corresponde tratar de comprender su voluntad. Esto nos evita precipitaciones y sufrimiento innecesarios.

Mientras Sergiño permanecía en silencio, ella continuó:

– Encontremos a Mesías y a los otros y preparemos mejor la tarea.

– ¿Prepararnos para qué?

– Sabes que la situación de Patrícia es precaria; Puedes ver cuando estuvimos allí.

– ¿Y todavía no ha mejorado en absoluto?

– Hasta donde yo sé, está empeorando.

Estaba triste y pensativo. Lívia también se calló. Cuando se acercaron al puesto, ella lo abrazó tiernamente y le aconsejó:

– No se puede ceder ante el desánimo. Es este enemigo silencioso que debemos ayudar a Patrícia a contraatacar. Necesitas ejercer confianza en Dios, hombre.

El joven suspiró y, avergonzado, preguntó:

– ¿Por qué tiene que ser todo tan difícil? ¿No puedes simplificar un poco las cosas? Todo es complicado, es un trabajo duro... estoy cansado...

– Nosotros mismos somos los que complicamos las cosas. Con nuestras elecciones sembramos obstáculos en nuestro camino. Cada semilla, una vez arrojada a la tierra, germina.

– Lo sé, Lívia. Aun así, estoy desanimado.

– Necesitas recuperar tu fe, tus convicciones. Vamos a pasar unos días aquí, para que estés un rato a solas, orando y estudiando, meditando y empoderándote interiormente para dar amor. De esta manera, y solo así, podrás ayudar a Patrícia a ayudar a Paula.

Estaban entrando cuando el chico declaró:

– Me siento impotente.

– Lo sé, y por eso estamos aquí: para reír junto con nuestros hermanos y la espiritualidad mayor que nos protege.

Resignado, Sergiño se dirigió a la habitación que ocupaba, no sin antes detenerse en la habitación de Christian. Se sorprendió al ver a otro joven allí.

– ¿Eres nuevo aquí?

– Llegué hace dos días.

– ¿Estás en tratamiento?

– Lo estoy.

– ¿Y de dónde vienes?

El paciente permaneció en silencio. Apareció Octavio. Estaba feliz de ver a Sergiño.

– ¡Qué bendición que regresaran! Cuéntamelo todo.

– ¿Dónde está Christian?

– Fue trasladado a otra ala; no necesita más quedarse en esta habitación.

– ¿Él está mejor?

– Está trabajando, ocupando su mente y sus manos. Sí, creo que está mejorando; poco a poco, pero está.

Sergiño entró en su habitación y se quedó horas meditando y recordando. Su corazón se sintió triste y pesado por no poder actuar de inmediato. Quería hacer algo por Paula. No podía aceptar haberla dejado en ese estado de extrema fragilidad. Una voz familiar lo sacó de sus pensamientos:

– Está lejos...

– ¡Christian! ¡Estás excelente!

Abrazando con respeto al amigo que tanto lo había apoyado, Christian informó sus avances.

– Son pocos, lo sé.

– ¡Nada! Lo importante es saber que no puedes rendirte. Los resultados serán cada vez mayores, ¡créeme!

– ¿De verdad piensas eso?

– ¿Y tú no?

– Y estoy empezando a creerlo. Mi madre viene a visitarme todas las noches. Ella está muy feliz y eso me contagia. Me siento tan fuerte cuando estoy cerca de ella...

Sergiño sonrió y comentó:

– Y... sé cómo es. ¡Madre es algo demasiado precioso! Tienen una fuerza que viene de no sé de dónde...

– Y realmente solo valoramos...

– Cuando las pierdes – dijeron ambos al unísono.

– ¡Realmente es así!

Continuaron en una animada conversación. Cuando Christian se fue, Sergiño se sintió esperanzado. ¿Cómo podía estar tan desanimado al ver el esfuerzo que hacía su amigo por recuperarse? Se puso de pie con determinación. Su actitud fue luchar y nunca debilitarse. Fue a uno de los salones principales para comer. Luego fue a la sala de estudio y, junto con otros jóvenes, asistió a la conferencia vespertina.

Antes del final de la reunión, un espíritu de luz entró en la habitación. De su pecho brotaba una luz rosada, de extrema delicadeza. Sergiño miró ese espíritu con forma femenina y pensó que su rostro le parecía familiar. Helena se acercó y sonrió, diciendo:

– Estoy feliz de poder ayudar a Paula y Patrícia.
Vine a aportar en lo que pueda.

Sergiño la miró, intentando adivinar quién era, y no tardó en exclamar:

– ¡Eres la madre de Patrícia!

– Sí. He trabajado intensamente por la elevación espiritual de estas hermanas que me son especialmente queridas. Estoy feliz de poder contar con tu ayuda ahora.

Le tocó las manos con emoción. Las lágrimas brotaron de sus ojos y corrieron por su rostro pálido. Luego, con un brillo intenso en los ojos, abrazó al joven. Sergiño, a su vez, rodeado de aquel espíritu amoroso, sintió todo su ser colmado de una inmensa ternura. Era como si su corazón hubiera crecido enormemente. Estaba envuelto en vibraciones de amor que rara vez había experimentado.

Al finalizar la reunión, el grupo acordó la próxima reunión para el día siguiente, cuando se detallarían los planes de actividades. Tan pronto como Helena salió, Sergiño le comentó a Lívia:

– Ella es muy especial.

– En verdad, es un ser especial.

– ¿Vive en un mundo superior?

– No, que yo sepa.

– Pero su vibración es de puro amor...

– Helena trabaja incansablemente para rescatar a los espíritus perturbados, incluso dementes, que deambulan por la corteza y el Umbral. Solo con mucho amor podemos trabajar en estos ámbitos, de manera constante. Es una fiel servidora del bien.

– Siento que ella me ha recargado de energía.

Sin responder, Lívia sonrió y se despidió de su primo. Esa noche, Sergiño se durmió con energías renovadas y esperanza.

Después de unos días de planificación, el grupo se fue. Al llegar a la casa que era de Paula, Helena encontró a su hija tendida en el suelo del dormitorio. Se arrodilló e hizo una rápida valoración:

– Está en coma alcohólico. Si no recibe ayuda, no sobrevivirá. Debemos actuar, y con urgencia.

Sergiño fue a la habitación de Arnaldo. Mientras su cuerpo físico dormía profundamente, su cuerpo espiritual estaba ausente. El joven regresó y contó:

– El cuerpo del marido duerme, pero su periespíritu no está. Lo buscaré.

– Ve rápido, hijo mío. Patricia necesita ayuda inmediata.

– Voy con él – anunció Lívia.

Ambos buscaron el cuerpo espiritual de Arnaldo. Lo encontraron en un lugar lamentable, acompañado de una raza de otros espíritus en idéntica situación, entre bebidas, mujeres y juegos de azar. Sergiño se acercó y lo saludó:

– Buenas noches, Arnaldo.

– No te conozco – respondió distraído el hombre.

– Sí, me conoces. Soy Sergiño y morí con tu hija Paula.

Arnaldo se estremeció. Se alejó del grupo, miró al chico y, asustado, confirmó:

– ¿Eres tú?

– Sí, soy yo.

– ¿Y qué quieres de mí? ¿Vas a perseguirme ahora?

– No tengo tiempo para eso.

Miró a su alrededor, a la compañía del padre de Paula, y concluyó:

– Además, ya estás bastante asombrado...

– ¿Qué quieres de mí?

– Necesitamos tu ayuda urgentemente.

– ¿Para qué?

– Patrícia está en coma alcohólico. Debes regresar inmediatamente a tu casa y a tu cuerpo, a ayudarla.

Ante la leve vacilación de Arnaldo, Sergiño se mostró vehemente; tomando al hombre del brazo, lo tiró con determinación.

– Vamos ahora. Tienes que ayudar a Patrícia.

Pronto llegaron a la habitación donde dormía el cuerpo denso de Arnaldo. Con la ayuda de sus dos primos, lo volvió a coger y despertó, sentándose en la cama asombrado. El recuerdo del reciente encuentro era vago, mientras el rostro de Sergiño aparecía claro y el joven le repetía al oído: "tienes que ayudar a Patrícia, ayuda a Patrícia."

Se levantó y se acercó a la habitación de la esposa, a quien encontró inconsciente. La ambulancia llegó rápidamente a su residencia y la madre de Paula fue trasladada al hospital.

– Es la quinta borrachera alcohólica en tres años – Arnaldo le confió al médico –. No sé qué más hacer...

– Esta estuvo cerca; si fuera otra media hora más, no sé si podríamos evitar la grave insuficiencia respiratoria que la afectaba.

Helena, Sergiño y Lívia acompañaron al grupo; esa madre dedicada, que apoyó a Patrícia, explicó:

– Mi hija intenta adormecer la culpa y el remordimiento que siente con la bebida. Tenemos noticias que incluso ha estado recurriendo a drogas más duras, alucinógenos.

– ¿Qué haremos?

– Primero nos encargaremos que se recupere. Luego, tan pronto como esté lista, hablaremos con ella y veremos si podemos convencerla que acepte nuestra ayuda, así como la de los médicos.

– ¿Has intentado hablar con ella?

– Muchas veces. Ella me escucha y es feliz cuando estamos juntas. Sin embargo, simplemente regresa al cuerpo denso que se olvida de todo y huye locamente. No pude llevarla con Paula antes, ya que la comprensión del deplorable estado de la chica, de cuya muerte se culpa, empeoraría su problema. Ahora que Paula ha reencarnado, espero que tengamos mejores resultados.

Capítulo 17
Marcas de rebeldía

PATRICIA SE GIRÓ EN LA CAMA, en una demostración de ligera mejoría. Mientras tanto, su cuerpo espiritual estaba agitado, revelando desequilibrio y perturbación. Helena se acercó y susurró al oído a su hija:

— Cariño, estamos aquí. No estás sola.

La paciente volvió a moverse y la enfermera, que en ese momento la estaba medicando, llamó al médico. Luego de revisar los registros del equipo y realizar una cuidadosa evaluación de las pupilas del paciente, concluyó con satisfacción:

— Ella está reaccionando. Le informaré al marido.

La ayuda espiritual se extendió durante todo ese día y la noche siguiente. Por la mañana, Patrícia ya mostró una mejora significativa. Helena se acercó al cuerpo espiritual de su hija y, dándole un intenso flujo de energía, logró despertarla. Luego, fortaleciendo mucho su periespíritu, la ayudó a sentarse. Luego sonrió y le acarició el cabello.

— Tranquila, hija mía.

— ¿Qué pasó? — Tartamudeó, en un estado de entumecimiento.

— Creo que has vuelto a exagerar...

— ¿Otro coma?

— Pero ya está mejorando. Saldrás de esta.

A pesar de ver su denso cuerpo dormido, Patrícia actuaba como si nada a su alrededor la impresionara.

Al ver a Sergiño y Lívia, preguntó:

– ¿Quiénes son estos?

Animado por Helena, el chico se acercó a la cama:

– ¿No me reconoces?

Ella lo miró vagamente y dijo casi sin pensar:

– No sé quién eres.

Helena le hizo una señal al chico, pidiéndole que no insistiera.

– Querida, necesitas ayuda para dejar de beber. Podrías acabar con tu vida.

Patrícia permaneció en silencio, mirando fijamente a su madre, quien añadió:

– Estamos aquí para ayudarte; solo que necesitas hacer tu parte.

– No soporto el dolor...

Acariciando con cuidado el cabello del ser que tanto amaba, la entidad dijo:

– Lo sé. Sin embargo, tu dolor empeorará si, en lugar de tratar de curarlo, tratas de dormirlo con anestésicos. En cierto modo, eso es lo que hizo Paula. Anestesió su conciencia.

– ¿Sabes algo sobre Paula? ¿Dónde está? Puedes llevarme a ella?

– La encontramos, Patrícia.

– ¿Dónde está mi hija? Necesito verla.

– Antes tienes que recuperarte; de lo contrario, iras a hacerle daño.

– ¿Qué tengo que hacer?

– Primero habla con el médico, y acepta el tratamiento para dejar de beber. También necesitas acudir a un terapeuta, además de asistir a un hogar espiritual, donde recibirás mucha ayuda y podrás entender lo que te está pasando a ti y a Paula, en el plano espiritual.

Patrícia suspiró profundamente.

– Todo me resulta tan difícil...

– Es porque estás cansada. Cuando empieces mejorarás, sentirás fuerzas renovadas y tendrás más ganas de luchar. Pero para ello hay que dar el primer paso. Y tan pronto como estés mejor, podremos llevarte a una reunión con Paula.

– ¿Cómo está ella, mamá?

– Cada vez mejor, hija mía.

– No la dejes sola, por favor.

– Ella nunca estuvo sola, hija, como tú.

Y acercando a Sergiño, dijo:

– Sergiño es uno de los que está cuidando a Paula.

Patrícia lo miró, buscando en su memoria dónde lo conoció, y finalmente atacó:

– ¡Tú eres su novio, y el desgraciado que le quitó la vida a mi pequeña hija! ¡Bastardo!

Helena la detuvo y le advirtió:

– Tranquila, no es nada de eso. Estás equivocada acerca de él.

– ¡Fue irresponsable! Conducía ebrio.

El chico bajó la cabeza sin decir nada. Sus ojos se llenaron de lágrimas; el arrepentimiento y el remordimiento inundaron su corazón. Sabía que era responsable de todo lo que les había sucedido.

– Tomó una decisión equivocada, es verdad.

– Y no podemos minimizar el daño que causó a Paula y nuestra familia.

– Yo también perdí la vida en ese accidente – recordó el joven.

– Y se hizo bien. ¡Todo fue tu culpa!

Helena tocó la nuca de Patrícia y recomendó:

– Cálmate o tendremos que sedarte otra vez.

– No espera. Quiero ver a mi hija.

– Llevas mucho dolor en el corazón. Con todo ese peso, sería difícil ayudar a tu hija. ¿Quieres hacer algo por ella?

– Lo deseo mucho.

– Así que empieza a hacerlo ahora, por ti mismo. Primero que nada, perdónate a ti misma y perdona a Sergiño. Todos cometemos errores, Patrícia, y tarde o temprano cosecharemos los efectos de nuestras acciones. Sergiño ha ayudado a Paula, sin cesar. Únete a nosotros para apoyarla.

Secándose las abundantes lágrimas que corrían por su rostro, Patrícia habló con la cabeza gacha:

– Yo no consigo...

– Prométeme que lo intentarás. Tan pronto como regreses a tu hogar deshazte de las botellas de cerveza y todo tipo de bebidas alcohólicas. Busca un núcleo espiritual, te ayudaremos a encontrar el lugar indicado. Lee el Evangelio y poco a poco te sentirás mejor; estarás lista para encontrar a tu hija nuevamente.

– ¿Por qué no puedo verla ahora?

– Ahora ni siquiera tienes medios para levantarte de la cama y mucho menos desdoblarte para ir a su habitación. Ahora mismo necesitas recibir, para poder donar más tarde.

Helena colocó el cuerpo espiritual de Patrícia sobre su cuerpo denso y dijo:

– Estaremos cerca todo el tiempo. Recuerda hacer tu parte.

Días después Patrícia regresó a su casa. Sintió como si una pequeña luz se hubiera encendido en su interior. La llama todavía era débil, pero se sentía diferente. Tan pronto como regresó, buscó consuelo en la bebida. Después de la cuarta lata de cerveza, decidió parar. Arnaldo, completamente escéptico, advirtió:

– Si no dejas de beber, morirás. Los médicos advirtieron que tu corazón no duraría mucho más. Estoy siendo muy claro contigo.

– Siempre eres cruel, Arnaldo. No te preocupas, ya te conozco muy bien. Y si muero, ¿cuál es el problema? ¿No es eso lo que quieres? Te quedarás con el dinero y no tendrás que mirarme más a la cara...

Arnaldo fijó su mirada en la mujer y no respondió. Se fue sin decir a qué hora regresaría. A pesar de todo el dinero que tenían, no estaban satisfechos. Quería más.

Cuando se fue, Patrícia puso un DVD, se recostó en el sofá y empezó a ver la película. Pronto se rindió. Nada llamó su atención. Su corazón se sintió inquieto. Se levantó y caminó por la casa. No sabía exactamente qué hacer. Subió las escaleras del apartamento dúplex y se dirigió a la piscina, que estaba en el segundo piso. Tocó el agua. Se cambió y fue a nadar. Esmeralda, la ama de llaves, se acercó con el teléfono en la mano:

– Es para usted.

–¿Quién es?

– Una mujer llamada Eugenia.

– ¿Eugenia? ¿De dónde?

– Dijo que la conoces, que sus hijos eran amigos...

Patrícia se estremeció. Inmediatamente recordó el sueño que había tenido con Sergiño y Helena. Se quedó mirando el dispositivo, sin hacer nada. Esmeralda estaba esperando. Finalmente, notando la indecisión de la patrona, preguntó:

– ¿Qué hago, señora Patrícia?

– ¿Le dijiste que estaba aquí?

– No.

– Di que... viajé, sin fecha de regreso.

Se alejó y volvió a sumergirse. Sin embargo, no podía dejar de pensar en Sergiño, cuyo rostro veía claramente. Recordaba haber hablado de Paula y de nada más.

Una semana después, Esmeralda apareció en la habitación de su ama y la encontró enterrada bajo las sábanas, ardiendo de fiebre.

– Una visita para usted.

– No quiero ver a nadie. ¿Quién es?

– Una vecina del quinto piso que dijo que estaba preocupada por usted.

– ¿Qué quiere de todos modos?

– Yo no sé.

– No la recibas. Ya dije que no quiero ver a nadie.

Esa noche, cuando Patrícia se quedó dormida, otra vez borracha, Helena intentó hablar con ella, sin éxito. Varios espíritus que absorbieron las emociones de la bebida estaban en la habitación. Embrutecidos, dominaban los centros de poder de la madre de Paula. No pudieron ver a los amigos espirituales que la apoyaron y no les permitieron seguirla cuando la llevaron al hospital; sin embargo, esperaron en la casa y la abrazaron fuertemente apenas regresó, impidiéndole reflexionar.

Helena consideró:

– Patrícia tiene que recuperar la sobriedad para poder hablar con ella.

Sergiño, que evaluaba con tristeza la situación, dijo:

– Creo que es una causa perdida. Esto está absolutamente anulado.

Sonriendo serenamente, la madre de Patrícia recordó con confianza:

– El frío nace en el estanque. Las mayores victorias comienzan con derrotas estrepitosas. Ni siquiera podemos imaginar la posibilidad de un fracaso. ¡Nuestro trabajo solo tendrá éxito si nosotros mismos creemos que el bien es más fuerte y triunfará!

– Helena tiene razón, Sergiño – intervino Lívia.

– El desánimo no puede encontrar refugio en nuestro corazón.

– ¿Entonces, que vamos a hacer? Ella no nos escucha. Ya hemos intentado que mi madre hable con ella; Incluso llamó, pero fue en vano. Luego fue doña Rosa, en el quinto piso, en quien, a través de la mediumnidad, infundimos pensamientos de preocupación por Patrícia. Todo fue inútil. Ella no nos escucha, ni cuando duerme ni cuando está despierta. Ella no nos ofrece ninguna apertura mental para que podamos ayudarla. ¿Qué hacer?

– Busquemos la manera – dijo Helena.

Permanecieron envolviéndola en vibraciones de amor y serenidad. Inspirándome en ellos, pasaba horas mirando fotos de su hija cuando era pequeña. Se lo perdió. Vio a la familia unida, en algunos de los raros momentos que habían pasado juntos, y pensó que había fracasado como esposa, como madre... Ahora ya no estaba dispuesta a empezar de nuevo.

Capítulo 18

En la comodidad del hogar

EN LA FRÍA TARDE DE OTOÑO, Patrícia estaba sentada en medio de la habitación, con fotografías esparcidas por todas partes. Una llovizna caía sobre los coches y los peatones que se aventuraban por las calles. Arnaldo entró y la sorprendió entre las decenas de fotografías. Llorando, se secó las lágrimas y la nariz con varios pañuelos de papel arrugados. Suspiró profundamente, cansado de aquellas escenas dramáticas que la mujer se empeñaba en repetir.

Al alejarse de una de las fotos, que se encontraba en su camino, la dulce sonrisa de Paula, todavía una bebé, llamó su atención. Se agachó y la recogió, mirándolo más de cerca. Rodeado de Helena y Lívia, de repente extrañó enormemente a su hija. Se acercó a Patrícia y se sentó en el sofá. Ella se quedó mirando sin decir nada. Tenía los ojos rojos e hinchados. Le dio la foto que examinaba a su llegada. El marido la tomó en sus manos y sonrió.

Los tres estaban en la playa, en Cancún, en el primer viaje de la familia. Paula ensayó sus primeros pasos y regresó del viaje ya caminando.

Había sido uno de los momentos más deliciosos que habían vivido juntos. Con el nacimiento de su hija, el hogar del matrimonio se llenó de alegría, y poco después – ante el peso de las responsabilidades y decisiones equivocadas, influidos por las marcas del pasado que traían –, comenzaron a distanciarse unos de otros. Miró la foto durante mucho tiempo. Los recuerdos burbujearon en su memoria. Los vio a los tres divirtiéndose, comiendo, corriendo y jugando. El increíblemente turquesa Mar Caribe, con sus cálidas aguas, les brindó momentos de intenso placer. Luego, con lágrimas en los ojos, le devolvió la foto a Patrícia, quien la dejó caer al suelo, entre muchas otras que estaban esparcidas por el lugar.

- Fue un buen momento - dijo.

La esposa asintió con la cabeza y estuvo de acuerdo. Se secó los ojos y tartamudeó:

– Inolvidable... La extraño mucho...

Arnaldo la vio y sintió, por un instante, a la madre, el dolor que llevaba en su corazón. Se sentó a su lado, en el suelo, y tocándole la cara, como hacía años que no lo hacía, dijo:

– A mí también me da pena, Patrícia, pero tenemos que seguir con nuestras vidas. No puedes seguir entregándote así.

– No puedo... te juro que ya lo intenté. El dolor es tan grande...

En un gesto inesperado, la abrazó. Luego se levantó y dijo:

– Necesito prepararme ahora. Tengo una cena de negocios.

– ¿Negocios?

– Eso mismo.

– ¿Y cómo se llama ella?

Molesto, respondió:

– Aquí vienes con esta costumbre. Disculpa Patrícia, tengo más que hacer; no toleraré tus ridículas acusaciones.

Él subió al dormitorio y ella apretó las fotos contra su pecho; Luego lo arrojó todo al aire, gritando obscenidades. Fue al frigorífico, cogió una cerveza y se la bebió de un trago. Regresó a la sala y comenzó a recoger las fotos. Sergiño se lamentó, avergonzado:

— Cuando creemos que avanzamos de alguna manera, retrocedemos.

Helena reflexionó:

— Hoy, de hecho, avanzamos. Arnaldo y ella intercambiaron energías de verdadero cariño. Esto es extremadamente importante. Considero que hemos logrado algunos avances.

— ¿Cómo nos acercaremos a ella? Patrícia no sale de casa por nada. Solo televisión y bebidas. No recibe a nadie...

Después de pensar un momento, Helena dijo:

— Invirtamos un poco más en Arnaldo. Quizás él pueda ayudar.

— ¿Ateo como es? ¿Cómo podría?

— Extraña a Paula. Esta podría ser nuestra puerta de entrada a su corazón. Aunque ya no siente el cariño que alguna vez tuvo por Patrícia, los recuerdos de su hija pueden tocarlo.

Lo siguieron más de cerca, comprendiendo que sería muy difícil generar mayores sentimientos en este hombre centrado única y exclusivamente en sus actividades profesionales — era abogado —, y en su dinero, con los placeres que brindaba. Un velero nuevo, un coche más grande y moderno, cenas caras y mujeres refinadas: eso era lo que le gustaba. Y el poder que todo esto le dio. Y quería más. Rara vez se acordaba de su hija o de su esposa. A pesar de todo, Helena no se rindió.

Días después, en un almuerzo de negocios, un cliente le hablaba de su hija que se graduaría en Derecho a finales de año. Mostró la foto de la joven. Al fondo vio la escuela, la misma donde Paula había estudiado. Las reminiscencias surgieron nítidas. Recordó el primer día de clases de la niña, como estaban asustados, en esa nueva escuela, a la que pronto se adaptara, tan obstinada y mimada como era. Recordó de ellos dos entrando a la escuela, él sosteniendo sus pequeñas manos, guiando sus pasos vacilantes y temerosos... Sintió una fuerte opresión en el pecho y el anhelo aumentó.

Helena, aprovechando la bendita oportunidad, no permitió que la imagen de su hija saliera de su memoria. Molesto, acabó yendo temprano a casa. Entró y movido por un sentimiento que no sabía identificar con seguridad, buscó a su esposa. La encontró viendo una película en la sala de televisión, recostada en el sofá y se sentó a su lado.

– ¿Qué estás viendo?

– Algunas tonterías.

– Hueles a cerveza. ¿Bebiste otra vez?

– Bebo todos los días, Arnaldo. Es la única manera que tengo de amortiguarlo...

– No hace falta hablar, lo sé.

Siguió una pausa antes de añadir con un suspiro:

– Creo que mi forma de escapar es trabajar...

Patrícia lo miró sorprendida. Sintiéndose animado, dijo:

– Tú también la extrañas, ¿no? Ustedes pelearon todo el tiempo, pero sé que así son las cosas.

– No cuidamos bien a nuestra hija, ¿no?

Ella asintió y Arnaldo continuó:

– Siempre estuve trabajando... Tú, llena de compromisos sociales, salidas con amigas, compras y, en ocasiones, en alguna actividad benéfica. Ambos fallamos. La abandonamos a las manos... Y después que ella se fue, de una manera tan estúpida, empezamos a cobrarnos y culparnos.

Patrícia estaba realmente sorprendida. Nunca había oído a su marido hablar así de su hija.

– Creo que ambos estamos huyendo.

– Estoy cansada...

Por un momento la miró en silencio y luego le propuso:

– ¿Qué te parece hacer un viaje?

– No, no quiero.

Él la miró sin saber qué decir, cuando Helena se acercó aun más y le susurró al oído:

– Hay un bebé esperándote, que necesita tu ayuda... Y la oportunidad de hacerlo bien esta vez...

La imagen de un bebé pasó por la mente de Arnaldo y pronto la reemplazó con otros pensamientos a los que estaba mucho más acostumbrado.

– Las obras de caridad podrían ser útiles para Patrícia – insistió Helena –. Ayudar a los demás, a ayudarse a sí misma. ¿Y qué debería buscar...?

Recogiendo la sugerencia, se la transmitió a su esposa:

– ¿Por qué no buscas una institución que te ayude? Quién sabe, esto te hará bien...

– No tengo ganas de hacer nada… – Patrícia bajó la cabeza al responder.

– Pero hoy lo harás. Vamos a cenar a un lugar que te guste.

– No quiero.

– Patrícia, tienes que reaccionar. Hagamos algo juntos. Hace casi un año que no vamos a ningún lado. Vamos, salgamos.

Con gran dificultad logró convencerla. Fueron a un restaurante japonés que les gustó mucho. Tan pronto como se acomodaron, Patrícia reconoció a la familia que estaba sentada al otro lado de la habitación. Eran Eugenia, su marido y sus hijos. Quería huir, pero no tenía tiempo; Eugenia la vio y se acercó.

– ¿Cómo están?

– ¿Cómo crees? Muy mal.

– Qué pena, Patrícia. Ojalá pudiera hacer algo por ti.

– Nadie puede.

– Ciertamente tu dolor es inmenso, y sé bien como es eso.

– No parece. Siempre eres tan feliz...

– Es porque sé que mi hijo está vivo.

– No me vuelvas a contar esas historias...

– Anoche soñé con él. Con él y contigo. Sergiño quiere ayudarte.

– No quiero hablar de ello...

– Patrícia, él realmente quiere ayudarte.

Eugenia colocó sobre la mesa un papel con la dirección de un Centro Espírita y su número de teléfono, diciendo:

– Esta es la Casa espírita que frecuento. Estoy segura que podrías encontrar algo de consuelo si supieras un poco más...

– No me gustan estas cosas... ¡Mi hija está muerta y punto! Nadie puede hacer nada al respecto.

– Te equivocas. Tu hija todavía está viva, en algún lugar, y tal vez te necesite...

– ¡Basta!

– No quiero molestar. Si lo deseas llámame. Estaré muy feliz de responderte.

Eugenia se alejó y regresó a su mesa. Patrícia miró el papel y tuvo ganas de tirarlo a la basura, pero era como si una fuerza mayor la detuviera. Lo dejó sobre la mesa durante la cena. Al salir, lo recogió y lo metió en su bolso.

Esa noche, durante el sueño del cuerpo físico, se le apareció Helena.

– Hija mía, tenemos que hablar.

Atónita, Patrícia intentó comprender lo que sucedía a su alrededor. La madre mostró:

– Tu cuerpo está durmiendo, ¿ves? Estás aquí en espíritu. Tenemos la intención de llevarte a un lugar... Solo necesitas permanecer sobria al menos por un día. Te llevaremos a ver a Paula.

– ¿Dónde está ella? ¡Vamos allí ahora mismo!

– No, eso no es posible. Debes estar al menos parcialmente libre de la influencia del alcohol.

– Quiero verla.

– Lo sé, y también quiero que la veas. Sin embargo, como dije, tendrás que permanecer sobria durante todo un día. Puedes hacer eso por tu hija, ¿no?

– Yo no sé...

– ¡Y por supuesto que puedes! Nosotros te ayudaremos... Patrícia se sentó en la cama, al lado de su marido y estalló en lágrimas histéricas.

– ¡Estoy desesperada! Quiero verla. ¿Dónde está?

– Paula volvió al cuerpo.

– ¿Qué? ¿Cómo así?

– Ella reencarnó, Patrícia.

– No entiendo...

– De vez en cuando un bebé y realmente necesita tus cuidados.

Al día siguiente, Helena, Sergiño y Lívia, con Mesías y algunos otros amigos del Puesto de Socorro actuaron para protegerse de los espíritus que involucraron a Patrícia y la hizo más vulnerable a la debilidad en relación al alcohol. Mientras un grupo los alejaba de la residencia, Helena y Lívia trabajaron intensamente para mantenerla alejada de las bebidas, el recurso utilizado fue un trastorno intestinal que la dejó prácticamente todo el día en la cama, mirando se obligó a comer alimentos ligeros, mucha agua y nada de bebidas alcohólicas.

Capítulo 19

Enfrentando la realidad

POR LA NOCHE, APENAS PATRICIA cayó en un sueño profundo, Helena y Lívia la llevaron, liberada del cuerpo físico, al refugio. Al llegar fueron recibidos por Tiago, en el plano espiritual de la institución. Y ahí, y no en las mesas de los jueces y en las colas de adopción, que los encuentros entre los niños y sus familias adoptivas se lleven a cabo y definan, de acuerdo con la evolución de las necesidades de cada persona involucrada.

Tiago los acompañó hasta la habitación donde estaba la pequeña Bela.

–Vamos, Patrícia.

Asustada, se acercó a la cuna. Miró al bebé y soltó un grito de terror. Sostenida por Helena, empezó a llorar.

– Cálmate, hija mía.

– No es ella. No puede ser. ¡Este bebé es horrible! No puede ser mi chica.

– Patrícia, es el espíritu que animaba el cuerpo de Paula quien ahora ocupa el de ese bebé. Es ella misma.

– ¿Por qué tan feo?

– Está muy enferma – explicó Tiago respetuosamente –. Hemos hecho todo lo posible para tratarla, pero me temo que no sobrevivirá si no es acogida pronto. Necesita amor, mucho amor.

– Patrícia – la miró su madre –, puedes salir de la presión y empezar de nuevo; Dios es tan bueno que te da una nueva oportunidad. Podrás superar tu culpa y tu remordimiento dándole a Paula, esta vez, lo que no le pudiste dar antes, cuando estaban juntos. Ella realmente necesita tu ayuda.

Patrícia regresó a la cuna y se arrodilló allí mismo, llorando.

– Hija mía... hijita mía, ¿qué te pasó? ¡La culpa es mía! Solo mía. No sabía valorar la oportunidad de ser una verdadera madre... Perdóname, Paula, perdóname.

Mirando a su madre y a Tiago, se rindió:

– Quiero tener esta nueva oportunidad ¿Qué debo hacer?

– Adoptar a este bebé – dijo.

–¿Adoptar?

– Sí. El nombre es Bela. Debes recibirla como hija, y lo es.

Tiago guardó silencio y Helena intervino:

– Debes saber que tendrás mucho que hacer para ampararla. El cuerpo que ahora ocupa Paula es frágil y debilitado, como también está su cuerpo espiritual. Necesita amor y, sobre todo, Dios en su vida. A ti te corresponderá guiar a esta niña por los caminos de la verdadera fe, de la bondad... de Jesús al menos.

– Pero, ¿cómo? Ni siquiera tengo eso para mí... Estoy perdida... no podré ayudarla.

– Patrícia, si Jesús no creyera en tus posibilidades, no te daría la oportunidad. Sí, puedes provocar un gran cambio en tu vida y acoger a Bela en tus brazos, rehaciendo el destino de todas ustedes.

Patrícia se quedó en silencio, llorando suavemente. Amanecía y las tres regresaron. Al recolocar a su hija en su cuerpo físico, Helena le acarició el cabello y la animó:

– Ten coraje, Patrícia. Estaremos a tu lado.

Pronto se acopló al cuerpo por completo y despertó. Se sentó en la cama, tratando de recapitular lo que había sucedido.

Luego salió de la habitación y se dirigió a la habitación de su marido. Entró y llamó:

– Despierta, Arnaldo, despierta.

– ¿Qué? ¿Qué pasó? ¿Estás bien?

– Tuve un sueño muy extraño.

Consultó la hora en el reloj de su mesita de noche y murmuró:

– Son las cinco y media, Patrícia, quiero dormir.

– Arnaldo, tenemos que adoptar un bebé.

– ¿Qué?

Al escucharla repetir la afirmación, reaccionó:

– ¿Bebiste temprano? ¡Eso es demasiado!

– ¡No bebí nada! ¿No entiendes?

– ¡Mujer, por el amor de Dios, déjame dormir!

– Arnaldo, soñé con un bebé que realmente nos necesita.

En el momento en que escuchó eso, recordó la extraña imagen de un bebé que le había llegado exactamente hace unos días, al hablar con su esposa, y tuvo la misma sensación que antes. Un fuerte escalofrío recorrió su cuerpo. Volvió a descartar la idea y dijo:

– Patrícia, ve a descansar. Hablaremos de esto más adelante. Ahora por favor déjame dormir.

Volvió a la cama y se acostó, impotente.

Manteniendo los ojos cerrados, pensó en el bebé y en las imágenes borrosas que le venían a la mente; decidió claramente había sido un sueño muy curioso.

Esas imágenes continuaron ocupando sus pensamientos persistentemente. Influenciada por Helena, Sergiño y Lívia, evitó beber en todo el día. Las entidades que la acosaban estaban irritadas por este comportamiento.

– ¿Qué está pasando después de todo? ¿Por qué no quiere beber?

– Debe ser el sueño en el que tanto piensa.

– ¿Y qué sueño es ese?

– ¡Yo qué sé! Solo sé que no puedes dejar de pensar en ello... Ya ha hablado solo de este sueño unas doscientas veces. Quiero que beba, pero no me responde...

– ¿Crees que está escapando?

– Lo creo.

– Tenemos que hacer algo rápido...

– ¿Aun tiene marihuana en su cajón?

– Hay poco.

– ¿Y la cocaína?

– Solo lo intentó una vez. Se quedó con miedo...

– Entonces hagámosla consumir cocaína. Definitivamente la tendremos en nuestras manos.

– Es mejor llevarla al crack ahora. Entonces no se escapa y luego pasa al lado de acá.

– Excelente. Vamos.

Las tres entidades viciosas y adictivas actuaron sobre Patrícia con gran intensidad. Proyectaron imágenes mentales de la única vez que había consumido cocaína y simultáneamente le infundieron oleadas de deseo de consumir la droga. De repente, el sueño desapareció de su mente y el recuerdo de las sensaciones provocadas por la bebida y las drogas la ocupó por completo, convirtiéndose rápidamente en una idea fija. No pudo pensar en nada más. Incapaz de contenerse, cogió el teléfono y llamó a una amiga.

– Hola Marcia, ¿todavía compras eso? ¿Me puedes llevar ahí? Estoy necesitando...

Acordaron irse después del almuerzo. Helena, Sergiño y Lívia estaban atentos a lo que sucedía. El hombre miró al primero y dijo con ansiedad:

– ¿Y ahora? ¿Qué vamos a hacer? Si prueba el crack, como lo demuestran las formas pensamiento que se fusionan en su periespíritu, será el final...

– Debemos hacer algo drástico e inmediato.

– ¿Cómo qué? – Preguntó casi desesperado.

– No lo sé con certeza. Necesitaremos ayuda. Busquemos inspiración en la oración.

Los tres permanecieron en silencio y oraron, buscando orientación desde lo Más Alto. Después de aproximadamente media hora, Patrícia se estaba preparando para partir. Arnaldo entró buscando a su esposa, quien se sorprendió al verlo.

– ¿Qué haces aquí a estas horas?

– No sé. Iba a almorzar con el presidente de una agencia de publicidad, un amigo mío, que estaba interesado en mis servicios, cuando recordé el sueño que me contaste esta mañana y quise hablar de ello. También tengo pensamientos sobre... bueno...

–¿En qué?

– No sé cómo explicarlo... De repente aparece en mi mente la imagen de un bebé... Como si ya lo conociera...

Patrícia se quedó helada. Se sentó en la cama, recordando todas las emociones que había sentido con Bela, pero que había olvidado al despertar. Comenzó a llorar.

– ¿Que pasa ahora?

– Parece que soñé con Paula, y ella era un bebé otra vez...

Rodeada de Helena, mientras Sergiño y Lívia vibraban, tratando de alejar los espíritus que la atormentaban, ella dijo:

– Creo que tenemos que adoptar a este bebé...

– ¿Qué dices?

– No lo sé... A pesar de estar confundida, siento que deberíamos adoptar un bebé.

– ¿Que tomaste? ¡Estás loca!

– No más que tú, cancelar un prometedor almuerzo de negocios para venir aquí con esta extraña historia, sobre un bebé que no se te quita de la cabeza...

Arnaldo bajó la cabeza y reflexionó. Luego miró a la mujer y dijo:

– Está bien, Patrícia, los dos estamos perdiendo la cabeza. No es posible. ¿Cómo nos dejamos llevar así? ¡Y es tu culpa!

–¿Mía?

– Sí. Si estuvieras ocupándote de tus propios asuntos, en lugar de llorar todo el tiempo... Estamos conmocionados emocionalmente. No, no puede seguir así. Vamos, llama a tu terapeuta.

– No quiero...

– Llama ahora, diles que es una emergencia. Iré contigo.

–¿Ahora?

– Diles que es importante, que estamos muy confundidos y necesitamos ayuda inmediata.

Patrícia, a su pesar, llamó. Dos horas después, ambos entraron al consultorio del terapeuta.

Capítulo 20
Compromiso aceptado

DURANTE LAS TRES SEMANAS siguientes, la pareja asistió, en dos sesiones semanales, a la clínica de Priscila, la psicoterapeuta que ya atendía esporádicamente a Patrícia. La segunda vez, la madre de Paula comentó sus impresiones sobre el bebé y el repentino entusiasmo que había despertado en ella la posibilidad de la adopción. La psicóloga, formada y experimentada, de fuertes convicciones espiritistas, consideró:

— Mira, sé que estás aquí para intentarlo y comprender mejor lo que sucede en su interior, y mi papel es solo ayudarlos en este proceso. Pero va y viene, la idea de la adopción es de hecho muy buena.

Insegura, a Patrícia le resultó extraño:

— ¿Lo crees?

— La adopción sería para ti una excelente experiencia de amor y entrega, y solo te haría bien.

Arnaldo se movió en su silla, inquieto. ¡No apreció esa idea, que en realidad le parecía absurda! Priscila, por su parte, al darse cuenta del malestar que le había causado el tema, desvió la conversación:

— Ahora cuéntame cómo ha sido tu relación con los demás. Amigos, familiares y otras personas...

Cuando su esposa no habló, fue Arnaldo quien volvió a reforzar el aislamiento en el que ella se había encerrado. Con el aval del terapeuta, Patrícia se mostró más abierta respecto a la adopción, mientras que su marido se mostró completamente refractario a la influencia espiritual de Helena y Sergiño para llevarlo a simpatizar con la sugerencia. Se resistió por puro egoísmo.

Sergiño parecía cansado y abatido. Estaba dividido entre el apartamento de Patrícia, el refugio donde estaba Bela y la Casa espírita que sustentaba sus acciones. El deseo que todo se resolviera rápidamente aumentó su ansiedad y toda la situación terminó por dejarlo exhausto.

Fue Lívia quien propuso:

– Helena, creo que hoy deberíamos ir a casa de Sergiño.

La prima lo miró con curiosidad y ella continuó:

– Es el día que se reúnan para el Evangelio en el Hogar. Podemos participar, ya que el entorno es más propicio para nuestras acciones.

Sergiño sonrió satisfecho. Sintió una alegría inmensa siempre que podía estar con su familia. Ellos se despidieron de Helena y se fueron. Cuando llegaron al cómodo y armonioso hogar, el chico se emocionó. Extrañaba mucho a todos. La familia estaba junta, cenando y la conversación era animada. Entró, observó el ambiente y sonrió feliz. Cuando miró más de cerca a Sueli, ella lo vio y sonrió.

– Mamá, Sergiño está aquí.

Se pusieron serios. Eugenia preguntó:

– ¿Él está bien?

– Sí.

– ¡Qué bueno! – La madre exhaló un suspiro de alivio –. Creo que es por nuestro Evangelio. Cuando es posible viene, en estas ocasiones... Aproximadamente una hora después de cenar, estaban todos juntos en el salón: Eugenia, Sueli, Fabio y Felipe. Involucrados en vibraciones de amor y armonía, que emanaban desde su propio corazón y fueron fortalecidos por los amigos espirituales presentes en el hermoso encuentro, comenzaron la oración y las lecturas. Eugenia quedó profundamente conmovida; sintió la alegría y gratitud por el contacto con su amado hijo, de vez en cuando, y estaba agradecida en sus pensamientos. Al final, respetuosamente, Sergiño se acercó a Sueli y le dijo:

– Me alegro de verte tan bien. Dile a mamá que se ve hermosa...

Se acercó a su madre y la abrazó, besándola en la mejilla, como solía hacer mientras estaba en el cuerpo.

Sueli se rio, recordando los frecuentes abrazos y besos cálidos, que eran el recurso de su hermano para desviar la atención de alguna reprimenda o recomendación. Luego involucró a la chica, quien comenzó a expresar sus pensamientos:

– Mamá, te ves hermosa.

Eugenia, conmovida, no respondió.

– Estoy un poco angustiado y necesito tu ayuda. Encontramos a Paula.

– ¡Qué bueno, hijo mío!

– Regresó al cuerpo físico. Es una niña de mes y medio, llamada Bela, que es muy débil.

– ¿Llegó tan rápido a una nueva encarnación?

– Su situación en el plano espiritual era demasiado lamentable... la reencarnación fue una bendición que recibió.

Hubo una larga pausa. Sergiño se emocionó al recordar el estado degradado de Paula. Sueli asimiló las imágenes mentales que emitía su hermano, viendo también el estado espiritual de la joven. Continuó, con la voz de su hermana, que registraba claramente los pensamientos transmitidos de mente a mente:

– Paula era consumidora de drogas, incluso cuando estaba en la Tierra. Mantuvo su vicio en el plano espiritual, siendo prisionera de una pandilla que la dominaba. No podía parar... No quería... Logramos rescatarla, pero la pandilla la perseguía y ella estuvo a punto de ceder nuevamente, hundiéndose en las sombras que podrían durar mucho tiempo. Y el tiempo es algo que ya no tenemos. Luego, por su seguridad y última oportunidad, regresó.

En ese momento, Sergiño se dirigió a sus hermanos:

– Fabio y Sueli, les pido: ¡eviten las drogas! Huyan, por favor. Destruyen el cuerpo y también el espíritu. Vi criaturas completamente deformes, sin voluntad propia, esclavizadas por otros. Cuando un joven consume drogas, no se convierte simplemente en esclavo de las sensaciones placenteras que le producen los narcóticos, sino también de los narcotraficantes, que se enriquecen a costa de su desgracia. Comienza a servir a un sistema.

Persona corrupta que utiliza las drogas como fuente de dinero y poder. Y, sobre todo, se convierte en sirviente de entidades espirituales, auténticos vampiros, que destruyen todo y a todos. Eviten la curiosidad de experimentar. Para muchos, experimentar no causa nada; para otros, conduce inevitablemente a la dependencia. A la reacción proviene de lo que cada persona trae dentro.

Después de otra breve interrupción, añadió:

– Nadie es lo suficientemente fuerte como para controlar emociones que aparentemente son tan buenas – incluso si no lo son mentalmente –, que surge del consumo de drogas. Es una trampa peligrosa que atrae víctimas todo el tiempo. Detrás de esta trampa, el poder económico y los espíritus que controlan y manipulan a los jóvenes, destruyendo sus posibilidades, sus vidas, convirtiéndolos en esclavos también en el plano espiritual. Vi grupos enteros de estos auténticos vampiros que absorben las emanaciones de las drogas a través de los jóvenes encarnados que las consumen; todo un valle, dominado por ellos. Hay muchos... Aléjense de aquellos que no saben respetar su decisión. Cuando esto sucede, cuando un amigo no respeta la opción de no usarlo, es porque no es un verdadero amigo. No te avergüences de decir que no. Las drogas destruyen la vida material y pueden provocar mucho dolor moral en el futuro.

Sueli guardó silencio y se secó las lágrimas. Vio todas las escenas que narraba su hermano y sintió el dolor conmovedor de aquellos jóvenes esclavizados y sus familias.

Hubo un largo silencio en la habitación. Después Sergiño pidió:

– Necesito tu cooperación, madre. Ya no sé cómo convencer a Patrícia. Ella no quiere aceptar nuestras invitaciones. Arnaldo tampoco nos contesta. Temo por la vida de Bela...

– ¿Qué puedo hacer? – Dijo Eugenia solemnemente.

– No lo sé... Patrícia no nos escucha y se hunde cada vez más en la depresión que la consume.

La madre, que había asistido recientemente a una conferencia sobre la investigación científica sobre la supervivencia del alma, comentó:

– ¿Y si utilizaran un recurso tecnológico y más concreto?

– ¿Cómo así? – Preguntó, con la voz de Sueli.

–La transcomunicación, por ejemplo.

– ¿Qué es eso?

– Intenta averiguar más, hijo mío. Es un fenómeno que permite, a través de equipos electrónicos, la comunicación entre nosotros, aquí en el cuerpo denso, y ustedes, en el plano espiritual.

Sergiño miró a su prima con mirada inquisitiva. Ella dijo:

– Esa es una excelente sugerencia. Podemos intentarlo.

– Gracias mamá. Lívia está conmigo y dice que vamos a buscar ese camino.

Eugenia finalizó la tarea con ferviente oración, rezando por Paula y sus padres. Luego, intentó animar al joven:

– Ten fe, hijo mío. Todo va hacia lo mejor... Oremos mucho por la familia de Paula y también por ustedes, queridos míos.

Sergiño, fortalecido por las energías de esa relación amorosa, se despidió de sus queridos familiares y, lleno de alegría, regresó junto a Helena, que estaba asistiendo a su hija. Compartió la nueva idea con su amiga y salió con Lívia a buscar orientación e información sobre cómo hacer posible ese contacto. Unas noches más tarde, todo estaba listo.

Helena había apoyado a Patrícia todo el día, logrando que apenas bebiera; se acostó temprano - un poco después de las 8 en punto -, sintiéndose particularmente cansada. Pronto se durmió y su cuerpo espiritual fue recibido por su madre, quien la apoyó y le comunicó:

– Hoy vamos a caminar, hija.

Atónita, se dejó llevar de los brazos de Helena hasta la casa espírita donde trabajaba Eugenia. Habían obtenido autorización para volver a tratar que Patrícia sea consciente de la oportunidad que tuvo, así como de la necesidad de abrir los ojos del alma para comprenderlo.

Comenzó la reunión de adoctrinamiento. Patrícia se vio envuelta por una repentina y extraña sensación, diferentes energías impactándola. Era la conexión entre ella y la médium lo que se estaba estableciendo. Ante este contacto, experimentó gran alivio, simpatía y afinidad inmediata - de hecho, aquella médium también había perdido un día a una hija, por la que sentía un profundo anhelo, que se veía aliviado por los frecuentes encuentros que mantenían espiritualmente.

Preguntada por su problema, e involucrada en la condición espiritual de la médium, rompió a llorar, hablando de su hija y de lo mucho que la extrañaba. Lloró mucho. Ella dijo que era culpable de no haber protegido correctamente a Paula, su interlocutor escuchó en silencio. Cuando la notó más tranquila, le propuso, intuido por Sergiño:

– ¿Te gustaría volver a ver a tu hija? ¿Para encontrarla ahora?

– ¡Sí, me gustaría! – Asintió sin dudarlo.– Entonces sigue a este joven que está a tu lado. Él te dirigirá hasta tu hija.

Con la impresión que pesaba sobre él un peso enorme, una vez quitada de sus hombros, siguió a Helena y Sergiño, sin identificarlo. Entraron nuevamente a la institución que albergaba a Bela. Patrícia posó sus ojos húmedos en el bebé. Se arrodilló frente a la cuna y lloró al reconocer a su amada hija que había regresado. Todavía suspiraba cuando Helena se inclinó y, poniendo las manos en sus hombros, le preguntó:

– Vamos, hija, levántate. Basta de sufrimiento, es hora de reaccionar. Bela te necesita. Este bebé necesita tu ayuda.

– ¿Qué puedo hacer?

–Adopta a esta niña. Ella es tu hija...

Patrícia miró a aquella criaturita frágil y enferma, y susurró:

– Tengo miedo de volver a fracasar. Más aun cuando ella se encuentra en estas condiciones.

– Es tu oportunidad de reparar todo lo que ha pasado, arrepintiéndote de haberlo hecho. Es tu segunda oportunidad. No la desperdicies, Patrícia. Ama. Deja fluir tu amor, escucha tu corazón. Si lo permites, tu conciencia te guiará por el mejor camino en la educación de esta niña. Arnaldo y tú la necesitan tanto como ella los necesita a ustedes.

Patrícia se secó las lágrimas y luego, al ver a Sergiño, que le había traído agua, dijo:

– ¡Tú de nuevo! No te alejas de ella, ¿verdad?

– No, Patrícia. Quiero ayudar a Paula y solo me alejaré cuando ella esté protegida y segura en tus brazos, de vuelta en tu casa.

– Yo haré eso. Quiero adoptar a la niña. Pero me siento impotente...

– Y porque estás luchando sola, sin la participación de Arnaldo – dijo Helena –. Para tener éxito, deben realizar la tarea juntos. De hecho, ambos necesitan acercarse a Dios. Te has distanciado demasiado del Creador, ignorando tus propias necesidades espirituales, como si pudieran ser suprimidas para siempre. Vencerán si vuelven a beber el agua pura del bien y del amor, que viene de Jesús. Solo amando a Bela podrán darle lo que necesita; y solo podrás amar a un ser que no generaste si el amor de Dios fluye a través de ti. ¿Entiendes, hija?

– Sí.

– Haremos todo lo que esté a nuestro alcance para colaborar. Sin embargo, es fundamental que ustedes también hagan su parte. Te pido, en particular, que dejes de beber. Altera por completo tu percepción y dificulta nuestra orientación.

Muy emocionada, Patrícia respondió:

– Lo intentaré, te prometo que lo intentaré.

Antes de regresar, acarició el cabello de Bela, murmurando:

– Vendré a buscarte, mi niña...

Capítulo 21

Transcomunicación

YA EN LA HABITACIÓN DE SU HIJA, Helena la abrazó y le preguntó una vez más:

– Busca el apoyo de la oración, hija mía. Acude a Jesús y recibe la fuerza de sus enseñanzas.

– No sé cómo hacerlo...

– Busca un hogar espiritual, donde puedas descubrir la belleza del Evangelio a la luz del conocimiento liberador del Espiritismo. Ahí te ayudarán, conocerás, comprenderás tu realidad, y así te dará las condiciones para rehacer tu destino. Es importante, Patrícia.

– Voy a intentarlo...

Helena la ayudó a recuperar su cuerpo físico y Patrícia pronto despertó. Asustada, se sentó en la cama tratando de comprender lo que sentía. Abrió el cajón de la mesita de noche y sacó una fotografía de su madre del fondo. La miró atentamente. Nunca el recuerdo de ella había sido tan intenso. Patrícia miró la foto, pensativa, cuando Arnaldo llamó a la puerta y entró.

– ¿Estás bien? Ayer te acostaste demasiado temprano...

– Estuve muy cansada.

– ¿Y estás mejor?

– No sé. Me siento rara... Soñé con mi madre. Un sueño tan real...

El marido la miró recordando también a su suegra, una mujer a la que siempre había admirado. Después de una breve pausa, Patrícia lo miró y añadió:

— Volví a soñar con el bebé.

—¿Que bebé?

— No lo sé con certeza. Pero hay un bebé, en algún lugar...

Mostrando impaciencia, la interrumpió.

— Patrícia, tienes que parar esto. Necesitas volver a la realidad.

Llorando, la mujer respondió gritando:

— ¡Sal de mi habitación! Nunca me crees ni me entiendes. ¡Salga ahora mismo!

Sin decir nada, Arnaldo se fue dejándola llorando. Solo varias horas después se levantó, sin entusiasmo, para comer algo. Comió una comida ligera y se sentó en la sala de estar, mirando fotografías de su madre. Helena, en el plano espiritual, no se apartaba de su lado; cubriéndola de energías amorosas, trató de impedir que bebiera, para mantener su lucidez y poder ser ayudada a comprender las decisiones a tomar.

La mitad del día transcurrió sin mayores novedades.

El calor de la tarde trajo una somnolencia irresistible a Patrícia, quien, con el apoyo magnético de su madre, volvió a dormirse. Durante el sueño físico, Helena la llevó a un laboratorio en el plano espiritual, donde se disponían a tomar contacto electrónico con la familia. Les explicó lo que pasaría y cómo proceder y les aseguró que estaban muy apoyados. El contacto constante con su madre le proporcionó a Patrícia nuevos recursos y poco a poco fue mejorando.

Cuando despertó, volvió a tener un recuerdo claro del sueño, pero no lograba entender bien su significado y pensaba que estaba lleno de símbolos. Pasó el resto de la tarde en su habitación, hojeando libros; Entre ellos encontró *"El Evangelio según el Espiritismo"*, que le había regalado Eugenia, meses después del accidente en el que ambas habían perdido a sus hijos.

Patrícia lo hojeó y leyó algunos extractos, deteniéndose en el título "Causas previas de padecimientos." Volvió a la apertura del Capítulo y lo leyó desde el principio. Hacia cuando terminó, bajo una fuerte emoción, sintió que era verdad y la afectaba profundamente. Quería creerlo. Dejó el libro sobre la mesita de noche con la intención de releer ese pasaje más tarde.

Se dio una larga ducha y se dirigió a la cocina, con el propósito de organizar la cena. La ama de llaves al verla preguntó:

– ¿Qué quiere para cenar?

– Prepara algo ligero. Voy a cenar con mi marido de hoy en adelante.

Esmeralda, que trabajaba en la casa desde hacía más de diez años, estaba feliz. Hacía más de un año que no mostraba interés en acompañar a su marido en las comidas.

Arnaldo, que solía quedarse hasta tarde en la oficina, esa tarde fue sorprendido por la llamada de Patrícia, pidiéndole que vinieran a cenar juntos. Aunque no estaba muy emocionado, pensó que debía ir.

Tuvieron una cena como no habían compartido en mucho tiempo. Patrícia estaba sobria y tranquila. No lloró ni una sola vez y tampoco bebió nada. Hablaron mucho, hasta el momento en que ella anunció:

– Voy a dormir. Me siento cansada.

Al mirar a su esposa, Arnaldo notó cuánto había cambiado. Grandes ojeras oscurecían su rostro, su piel estaba seca y sin vida. El cabello rubio, alguna vez largo y exuberante, estaba quebradizo y sin brillo. Estaba descolorido y feo. Cómo había envejecido en esos años... Pensó en comentar que seguramente estaba cansada por la bebida, pero se limitó a decir:

– Buenas noches, Patrícia.

– ¿Te vas temprano?

– No sé. Quiero grabar algunos comerciales para usarlos como referencia al estudiar un caso contra una agencia de publicidad. Tengo que seleccionar anuncios de diferentes tipos y no sé cuánto tiempo tardará.

– Está bien. Entonces, buenas noches. Hasta mañana.

– Hasta mañana.

La casa estaba completamente en silencio. Fue a la oficina y encendió el estéreo. Luego colocó a su lado una pequeña, pero muy sensible grabadora para capturar lo que quería analizar. Allí permaneció muchas horas, hasta terminar la obra; apagó todo y se fue a dormir.

Al día siguiente, una vez resueltos varios asuntos en la oficina, se sentó a escuchar los comerciales. Él estaba sorprendido. Probó el dispositivo antes de usarlo y funcionó perfectamente; Incluso la canción que había usado como prueba se grabó con éxito. Al final; sin embargo, se produjo un largo silencio seguido solo de un silbido, como si no hubiera habido ninguna grabación. Avanzó la cinta, insatisfecho. Nada. Solo el silencio y el silbido. Estaba a punto de colgar cuando una voz familiar salió del dispositivo. Frío y casi paralizado, lo apagó inmediatamente. Se levantó y caminó nerviosamente por la habitación. Se sentó de nuevo y encendió la grabadora. Lo reconoció perfectamente. Era la voz de Helena. Arnaldo tembló al oír con claridad:

– El bebé te está esperando. Patrícia tiene razón. ¡Ayúdala!

Otro silbido y de nuevo la voz de Helena:

– ¡Ayúdala, Arnaldo!

Arnaldo apagó la grabadora, aterrado, y pensó: "Esto no está pasando. Helena es mortal."

Esta grabadora es nueva, no puede haber nada antiguo grabado en ella. Esto es imposible: es imposible. Es mi imaginación." Se sentó a la mesa y trató de hojear los papeles.

Quería distraer su atención del trabajo. El teléfono sonó. La secretaria anunció un cliente.

Arnaldo pasó la tarde con el cliente, sin poder olvidar el dispositivo que estaba sobre la mesa. De vez en cuando miraba el pequeño equipo, desconfiado. Cuando el cliente se fue, alrededor de las nueve de la noche, cogió la grabadora, la miró y la volvió a colocar sobre la mesa. Organizó sus cosas, tomó la carpeta, apagó la luz de la habitación y se fue. En el ascensor, luchó por convencerse que no prestaría más atención a aquel incidente; Incapaz de soportarlo, volvió a buscar la grabadora, la metió en su maletín y se fue a casa.

Al entrar, encontró a su esposa en la sala. Él apenas la saludó y se dirigió hacia el dormitorio. Después de una larga ducha, se sentó y sacó el dispositivo de su maleta. Deseaba que ya no estuviera allí. Regresó la cinta, llegó al principio y encendió la grabadora; Primero sonó la música de prueba, luego se hizo el silencio, luego el silbido y al final la débil voz de Helena:

– El bebé te está esperando. Patrícia tiene razón.

¡Ayúdala!... ¡Ayúdala, Arnaldo!

Sin interrumpir, escuchó voces de fondo y más una vez Helena:

– El bebé, Arnaldo. Tienen que ir a buscar al bebé.

Regresó la cinta unas quince veces y lo escuchó todo de nuevo. Era imposible: ¡imposible! ¿Cómo había llegado esa grabación allí? – Se preguntó. Eran casi las once en que, venciendo sus dudas, decidió mostrárselo a su esposa. Llamó a la puerta de su dormitorio:

— Patrícia — llamó.

— Pasa, Arnaldo, ¿qué pasó?

Tenía el dispositivo en sus manos, todavía vacilante.

Su mirada transmitía duda y angustia.

— ¿Qué pasó? Estás extraño.

— Muy extraño es lo que hay aquí, en esta grabación.

— ¿Y qué pasa con ella?

— Ayer estuve haciendo algunas grabaciones hasta tarde...

— ¿Los comerciales?

— Eso.

—¿Y qué tiene...?

Presionó el botón y preguntó:

— Presta atención.

Al escuchar la voz de su madre, Patrícia comenzó a temblar y miró a su marido sorprendida. Cuando paró la grabadora, lo agarró del brazo y dijo:

— ¿Qué es eso, Arnaldo? ¡Es mi madre! ¿Cómo puede? ¡Y sobre el bebé! Dios mío, ¿qué significa eso?

— No lo sé, Patrícia.

— Tengo miedo... tengo miedo.

— Yo también, pero no tengo ninguna duda: es la voz de tu madre.

— ¿Y qué está haciendo en tu grabadora?

— No lo sé, pero lo voy a averiguar... ¿Conoces a alguien que sea espírita?

Inspirada por Helena, ella respondió sin dudar:

– Eugenia, la madre de Sergiño.

– ¿Tienes su número de teléfono?

– Eso creo, en algún lugar...

– Bueno, encuéntralo. Llamémosla.

– ¿En este momento? Y casi medianoche.

– No podré dormir sin saber qué es esto, Patrícia. Necesito entender.

– Pero ya es demasiado tarde, Arnaldo.

– Ella lo dejará pasar.

Patrícia buscó en vano los cajones y el bolso. Entonces recordó el libro que había dejado en su mesilla de noche y miró dentro. Allí estaba el papel con el número de Eugenia. Se sentó con el teléfono en una mano y el papel en la otra. Ambos quedaron atónitos.

– Vamos, Patrícia, llama pronto.

– No lo sé, Arnaldo...

– Dame este teléfono.

Marcó el número. El dispositivo sonó varias veces, hasta que se cortó la corriente.

– No atiende.

– ¡Claro que sí! Todos están durmiendo.

– Intentaré de nuevo.

– No, Arnaldo, mañana...

Él la ignoró. Esta vez, al cuarto timbrazo, Eugenia contestó:

– Hola.

– Y... Perdón por la hora... – tartamudeó la voz. – Soy Arnaldo, padre de... Paula.

– Hola Arnaldo. ¿Sucedió algo?

– Realmente no lo sé... Creo que sí...

Explicó brevemente lo sucedido, y al final del relato Eugenia dijo:

– ¿Quieres venir aquí para que podamos hablar en persona? Creo que será mejor.

– ¿No te importa lo tarde que es?

– En realidad es bastante tarde, pero el asunto es grave. Ven, aquí hablaremos tranquilamente.

En 45 minutos la pareja llegó a la casa de Eugenia y Felipe, siendo recibidos con afectuosa cordialidad. Después que los visitantes se acomodaron y tomaron un refrigerio, Eugenia preguntó:

– ¿Trajiste la grabadora?

La sala escuchó la cinta. Después de la tercera vez, Eugenia apagó el aparato y dijo:

– No hay duda. Es tu madre, Patrícia.

– ¿Cómo puedes estar tan segura?

– Es que fui yo quien sugirió la comunicación.

– ¿Cómo así?

Ella narró la conversación en la que su hijo le pidió ayuda y consejo.

– Sergiño estaba muy preocupado por cómo comunicarse contigo. Les faltaba una apertura, porque cada vez que te encontrabas con Helena en un sueño, te olvidabas o no querías recordar cuando despertabas.

Patrícia miró atentamente a Eugenia.

– Esta grabación se llama transcomunicación.

–¿Transcomunicación?

– Eso. Hay investigadores de muchas muy serios que trabajan con esto en Brasil, reduciendo la brecha entre las dos dimensiones de la vida.

– Y después de todo – intervino Arnaldo – ¿qué clase de bebé es esa?

– Debe ser lo que he visto en mis sueños... – Respondió Patrícia emocionada, secándose las lágrimas que corrían por su rostro.

Al despedirse, Arnaldo agradeció:

– Gracias Eugenia, Felipe.

– No hay nada que agradecer. ¿Estás más tranquilo?

– No diría tanto... Bueno, al menos sé que no estoy loco.

– ¿No te gustaría venir aquí el sábado, para que podamos hablar un poquito más? Puedes cenar con nosotros. ¿Qué opinas?

Arnaldo miró a su mujer, quien respondió:

– Te llamaré, ¿vale? Muchas gracias por la ayuda.

– Ve en paz. Estaremos aquí si nos necesitas – se despidió Eugenia.

Capítulo 22

La nueva oportunidad

ARNALDO Y PATRICIA regresaron en silencio. Al entrar a la casa, miró ansiosamente a su marido:

— ¿Y ahora, Arnaldo?, ¿qué vamos a hacer?

— ¿Qué opinas?

— Todo esto es muy difícil: fácil de creer... Pero, sobre todo, hay una cosa que me intriga y me hace doblegarme ante los hechos.

— ¿Qué?

— Eugenia ya lo sabía todo. ¿Cómo podría? Incluso esto de la transcomunicación...

— ¡Y parece que todo es realmente real!

— ¡Dios mío! Necesito saber más, conocer mejor lo que escuchamos en su casa. Creo que tenemos pruebas claras que esto es cierto.

— Para mí es complicado, Patrícia. Tú sabes, odio esto de la religión... Por otro lado, lo que pasó es muy significativo. No puedo ignorarlo... Tiene que haber explicaciones que nos convenzan, que nos traigan certeza...

Patrícia reflexionó un momento y luego, fuertemente inspirada por Helena, dijo:

— Solo que no nos servirá de nada saber todo esto. A menos que mi madre apareciera aquí ahora, frente a nosotros, nada cambiaría dentro de nosotros... ¿No es eso? El conocimiento por sí solo no nos cambia. Y antes necesito hacer algo para mejorar...

Impresionado por la claridad del razonamiento de su esposa, Arnaldo estuvo de acuerdo:

– Creo que entiendo lo que quieres decir.

– Voy a ver a dónde va Eugenia, a ver qué pasa. ¿Qué opinas?

– Para mí puedes hacer cualquier cosa que te aporte bienestar.

– ¿Vendrías conmigo?

– No lo sé... Pero puedes ir, todavía te estoy pidiendo que vayas.

Eran casi las seis cuando finalmente se retiraron. Arnaldo durmió hasta media mañana y Patrícia se despertó más temprano. Apenas hubo tomado una taza de café y un trozo de pan con mantequilla, llamó a Eugenia, quien se alegró de escuchar su voz.

– ¿Cómo están?

– Yo estoy bien. No sé de Arnaldo, hoy todavía no hemos hablado. Eugenia, me gustaría que me llevaras al Centro espiritual. ¿Puede ser?

– Claro que sí. Puedes venir con nosotros a la reunión de mañana. Al comienzo de la noche pasaré a recogerte.

– Solo yo iré. Voy a estar esperando.

La noche siguiente, Patrícia siguió atentamente el Evangelio y los comentarios en torno a las enseñanzas de Jesús, observando cada detalle de lo que sucedía en ese ambiente. Nada se le escapó. Pese a los pronósticos que aun tenía dentro, se sintió bien durante todo el encuentro. Gracias a la energía procedente del pase magnético y del agua fluidificada, salió de allí esperanzada.

Sin embargo, apenas salió del Centro Espírita, se sintió profundamente deprimida. Cuando entró en la casa, le entraron ganas de beber. Luchando contra el impulso que parecía irresistible, se sentó en el sofá y se puso a llorar, descontenta con sus dificultades. Tenía muchas ganas de empezar una nueva vida. Luego llamó a Eugenia en busca de apoyo. La madre de Sergiño, que apenas había entrado, fue a verla sin demora.

– Me sentía muy bien y de repente comencé a sentirme muy mal. ¿Qué es esto? ¿Fue algo que "aprendí" en el Centro?

– No, Patrícia. Cuando estamos dispuestos a hacer el esfuerzo por el cambio, son muchos los obstáculos que tenemos que afrontar... Viene de lugares sorprendentes, de personas y situaciones inesperadas; proviene sobre todo de nuestro interior, de nuestros innegables deseos de permanecer exactamente donde estamos y cómo somos. Y necesitas perseverar.

– ¿Y si soy incapaz?

– Estás recibiendo apoyo.

–¿De quién?

– Entre otras personas, ciertamente Helena y Sergiño.

Patrícia tomó del brazo a Eugenia y preguntó:

– Ayúdame por favor.

– En todo lo que pueda...

La señora de la casa se levantó, decidida.

– Busquemos y tiremos las bebidas que haya por aquí. ¿Me ayudas?

– Y por supuesto – fue la admirada respuesta.

Las dos registraron la casa y acabaron con todo el alcohol que encontraron. Cuando Patrícia tiró la última lata de cerveza a la basura, bromeó:

– Qué pena, hacía tanto frío...

– ¿Cómo te sientes ahora?

La mamá de Paula pensó un poco y respondió:

– Satisfecha. Feliz, incluso, de haber logrado hacer esto - Eugenia sonrió.

– Ahora tengo que irme, ya es tarde.

Se iba cuando llegó Arnaldo. La saludó rápidamente y entró.

– ¿Y entonces? ¿Como fue?

– Algo extraño, pero estuvo bueno.

– ¿Extraño?

– Sí, todo es muy diferente... Lo principal es que yo me sentí bien allí. Después...

– ¿Qué?

– Ven aquí.

Patrícia llevó a su marido al contenedor de reciclaje, lleno de botellas y latas vacías.

– ¿Dónde quedó todo esto?

– Ya no importa, lo que importa es que esto fue todo a la basura. No quiero beber más.

– Y... me gustó verlo. Espero que realmente puedas superar tu adicción.

Patrícia empezó a ir al Centro espiritual con Eugenia. Posteriormente, comenzó a leer libros escritos por Allan Kardec, deseando comprender las complejas cuestiones que permeaban su vida. Leyó y aprendió rápidamente. Se sintió atraída por aquellas enseñanzas, que parecían claras y tenían un significado profundo.

Seis meses después de su participación en el estudio del Evangelio, Eugenia invitó:

– Vamos a entregar unas canastillas para bebés, que confeccionamos y llevamos cada seis meses a un centro de acogida para niños huérfanos o temporalmente alejados de su familia. Llevaremos mantas también. ¿Te gustaría venir con nosotros a ver el lugar?

Patrícia vaciló. Ella nunca se había sentido atraída por ese tipo de actividad. Siempre había estado vinculado a eventos benéficos, recaudación de dinero y otras donaciones para instituciones, sin que nunca hubiera tenido la visita de uno solo de los destinatarios de los recursos que aportaba.

Se levantó. No sentía el más mínimo deseo de ir a un refugio. Sin embargo, Eugenia insistió:

– Creo que sería una experiencia de aprendizaje interesante para ti.

– ¿Es el sábado?

– Eso. No pasará mucho tiempo. El refugio está en el centro de la ciudad.

– Lo pensaré, Eugenia. Prometo que lo pensaré. Te llamaré tan pronto como lo decida.

– Combinado.

Patrícia pasó mucho tiempo sola esa tarde. Se resistía a ir a un refugio. Además, no quería ver a niños ni a jóvenes, tal vez incluso a alguien parecido a ella Paula... No, ella no iría.

El viernes por la noche, Eugenia lo llamó reiterándole la invitación a participar en esa tarea.

– No voy, Eugenia.

– Pero, ¿por qué?

– Nunca me sentí cómoda en ambientes así... Lo siento mucho por los niños, ¿sabes?

– ¿No consideraste hace algún tiempo la posibilidad de adoptar un niño? ¿Quién sabe, no es este orfanato el elegido de tu corazón?

Rodeada de Helena y Sergiño, sintió que esa idea de adopción volvía a vibrar en todo su ser. Aunque pensó en discutir, un deseo irresistible de ir la dominaba.

– Está bien. ¿A qué hora iremos?

– Inmediatamente después del almuerzo.

– Así que por la mañana voy a comprar más mantas y algo de ropa.

– Que agradable. Así que voy a recogerte por ahí a las dos horas.

– Voy a estar esperando.

Puntualmente a las dos, Eugenia y Patrícia, además de algunas compañeras más, se dirigieron al orfanato. Al ver el modesto edificio, Patrícia se arrepintió de haber ido. Ciertamente ese no era el lugar para ella – pensó de mala gana. Entraron. Muchos niños pequeños corrieron al encuentro de las recién llegadas. Las más grandes, avergonzadas, se quedaran a distancia, mirando. Guiomara las recibió y llevó a la nueva visitante a conocer todas las dependencias.

Al entrar al ala donde estaban los bebés, todo le resultaba muy familiar, como si hubiera estado allí antes; mientras recorrían el local, sabía exactamente lo que vendría después. Le dijo en voz baja a Eugenia:

- Siento que ya he llegado hasta aquí. Todo me parece familiar.

La otra sonrió, intuyendo lo que estaba pasando. Mientras se acercaban a la cuna donde estaba Bela, un miedo enorme se apoderó de Patricia. El bebé lloraba sin parar. Guiomara informó:

-Esta es Bela, la niña más pequeña de nuestro refugio. Lleva casi un año con nosotros y nunca había visto llorar tanto a un bebé. Está muy enferma, es verdad, pero sólo se calma cuando puede dormir. Imagínate que para ello tenemos que darle un tranquilizante ligero.

El pediatra fue quien nos guio. Ella nunca se calma... Pobrecita...

Patricia se acercó a la cuna y al ver al bebé, rojo por el incesante llanto, se sintió atraída como por un imán. Con los ojos fijos en la niña, la sostuvo en sus brazos y la abrazó contra su corazón. Inmediatamente, Bela se acomodó en aquellos brazos y dejó de llorar, para luego quedarse dormida plácidamente.

Guiomara miró con incredulidad. Cuando Patricia volvió a colocar al bebé en la cuna, se acercó y le dijo:

– Nunca había visto a nadie calmar así a Bela. ¡Impresionante!

Patrícia miró a Eugenia con ojos llorosos. La madre de Sergiño recordó lo que había oído sobre Paula, mientras su hijo le hablaba al oído:

– Es ella, mamá. Es Paula. ¡Finalmente Patrícia la encontró!

Sin poder contener las lágrimas, el joven se entregó a una intensa emoción de alivio, alegría y esperanza por ver a Paula adecuadamente ayudada. Eugenia, captando las vibraciones de su hijo que se unía a su propia emoción, se secó las lágrimas que corrían por su rostro y repitió en voz baja:

– Es ella. Es ella.

– ¿Qué fue? ¿Qué dijiste? – Preguntó Patrícia.

– Creo que este es el bebé que viste en tus sueños...

Patrícia miró seriamente a Eugenia, luego volvió a mirar al bebé que dormía plácidamente y fue invadida por una emoción aun más intensa. Recordó sus sueños, la impresión de haber estado allí antes, y no tuvo ninguna duda: había vuelto a encontrar a su hija.

– ¿Hay alguien interesado en adoptar a esta niña? – Preguntó mirando a Guiomar.

– Infelizmente no. Tiene muchos problemas de salud, e incluso necesita hacerse algunas pruebas adicionales, que son un poco costosas, para saber si sufre algún tipo de retraso mental. Pobrecita, es poco probable que alguien quiera adoptarla...

– Yo la quiero – declaró Patrícia por impulso –. ¿Qué tengo que hacer?

– ¿Estás segura? ¿Alguna vez has pensado en la adopción?

– Perdí a mi hija hace unos años y... últimamente he estado pensando mucho en adoptar un bebé.

– Eres valiente, con todos los problemas que tiene...

– Pero este es el que quiero adoptar.

– Muy bien, vamos a la oficina y te daré todas las instrucciones. Como la niña necesita ayuda urgente, creo que no será difícil – cumplidas las exigencias legales: el juez te otorgará la custodia.

– Y la mamá, ¿la conoces?

– No. Ella era mendiga, vivía en la calle y la abandonó en el hospital. Nunca la buscó.

Guiomara brindó orientación detallada sobre cómo Patrícia debía proceder para obtener las condiciones para la adopción.

Cuando terminaron, la mamá de Paula preguntó:

– ¿Cuánto tiempo lleva todo esto?

– El proceso legal, al menos seis meses.

– No puedo dejarla aquí tanto tiempo. ¿Puedo venir todos los días a verla y cuidarla?

– ¿Todos los días?

– Si es posible.

Guiomara miró a Patrícia, luego a Eugenia, pensó en el bebé y finalmente respondió:

– Consultaré al fiscal que nos orienta; Si no hay impedimentos legales puedes venir. Solo no puede sacar al bebé de aquí sin autorización de la Corte.

– No importa. Quiero estar cerca de ella mientras espero que concluya el proceso legal.

Guiomara la miró con cierta desconfianza; Que la reacción de Patrícia le pareció demasiado impulsiva. Sin embargo, conocía bien a Eugenia, así como a los compañeras que trajo, representando una institución espírita que venía ayudando mucho al refugio desde hacía mucho tiempo. Por consideración hacia ella, no dijo nada y decidió internamente hacer todo por el bien de Bela.

Cuando salieron del orfanato, Patrícia buscó la confirmación de Eugenia:

– Es Paula, ¿no?

– Eso creo ¿Qué sientes?

– Estoy segura... ¡lo siento dentro de mi corazón!

¡Y mi hija ha vuelto!

Capítulo 23

Vínculos perturbadores

PATRICIA NO SE QUEDÓ EN CASA. Despidiéndose de Eugenia y los demás, se dirigió directamente al despacho de su abogado.

– Necesito hablar con Thomas. Es importante.

– Tiene una agenda muy ocupada... – se disculpó la secretaria en recepción.

– Mira, no me iré de aquí hasta que me atienda. Por favor, arréglalo un poquito. Tiene que tomarse un descanso para ir al baño, al menos...

– Está muy difícil...

– ¿Y para el almuerzo? ¿Cómo está él?

– Va a almorzar con la familia.

– Dile que estoy aquí y que mi asunto es muy urgente.

Al ver que Patrícia no iba a salir, la joven entró al despacho del abogado y salió momentos después con su agenda en la mano:

– La recibirá tan pronto como el Sr. Pietro salga. Me pidió que esperara un poco.

Patrícia le dio las gracias y se sentó, agitada. Ella permaneció bajo la influencia de la emoción que sentía cuando tenía a Paula en sus brazos. Quería que su hija estuviera con ella lo antes posible. Sergiño, que la había acompañado con Lívia, se mostró satisfecho:

– Creo que por fin podré calmarme... ¡Qué bueno! Que difícil nos fue envolver a Patrícia...

– Sí, primo, cuando una persona no tiene un refugio interior, una fe, algo en lo que creer y que se sostiene en recuerdos críticos y es mucho más complicado para nosotros actuar en consecuencia. Incluso cuando una persona dice tener una religión, si carece de una experiencia real con Dios, con Jesús, el acceso no nos resulta fácil. Mantiene la mente pegada al materialismo y cristalizada en determinadas informaciones y emociones, lo que bloquea nuestra influencia, ya que traemos pensamientos y sentimientos diferentes a los fuertemente grabados en el núcleo del individuo.

– Esta situación es bastante compleja... no lo habría hecho sin ti y Helena. Y hablando de ella, ¿dónde está?

– Fue hacia Paula. Ella se quedará con ella ahora que Patrícia está en camino.

– ¿Y por qué?

– Recibimos noticias que sus ex socios la persiguen con gran determinación.

– Entonces, también debemos mantenernos unidos.

– Pronto nos uniremos a Helena. Antes, vamos a ayudar a Patrícia y preparar el camino para que el bebé llegue a su verdadero hogar.

En ese momento Patrícia estaba ultimando los detalles con el abogado.

– ¿Está todo bien entonces?

– Sí. Solo tengo una pregunta.

– ¿Sí?

– ¿Hablaste con Arnaldo?

– Por supuesto que lo dije, mientras venía aquí. Él no se opone. Y estoy convencido que en el momento en que tenga a Bela en mis brazos, no quedará ninguna incertidumbre. Puedes continuar el proceso.

– Prepararé toda la documentación y la enviaré a tu domicilio.

– Solo avísame y vendré a buscarlo tan pronto como esté listo. No puedo perder más tiempo. Quiero que la niña esté conmigo lo antes posible.

– ¿Puedes explicar por qué hay tanta ansiedad?

– Es que el bebé está débil y requiere cuidados más intensivos. Tiene casi un año y parecen cinco meses... Me temo que quedarme sin los recursos que podemos ofrecerte dificultan tu desarrollo... ¿Lo entiendes?

– Sí, claro. Haremos todo rápidamente, no te preocupes.

Se despidieron. Esa noche, el marido encontró a Patrícia sonriendo. Preparó su plato favorito para la cena y lo recibió en la puerta. Él estaba sorprendido.

– ¡Vaya, Patrícia! Hacía tiempo que no te veía tan bien...

– Hoy no bebí ni una gota de alcohol. Ninguna.

Sé que el bebé nos hará bien, Arnaldo.

– ¿Crees que eso es lo que deberíamos hacer?

– No tengo ninguna duda.

– ¿Cómo puedes tener tanta razón?

– No puedo explicarlo, pero en el momento en que sostuve a la niña en mis brazos me convencí que debía ser nuestra, parte de nosotros, parte de nuestra familia. Dependerá de nuestro apoyo. Está muy enferma...

– ¿Y todavía estás dispuesto a adoptarla?

– Sí, Arnaldo, sé que ella nos traerá felicidad...

– Bueno, Patrícia, prepárate. Y ve a contratar una niñera.

– Voy a buscar a alguien, solo que esta vez me encargaré de ella personalmente. No la dejaré en manos de una niñera. Por supuesto que necesitaré ayuda, pero debo tener que pasar todo el tiempo que pueda con ella.

Su voz quedó momentáneamente ahogada por las lágrimas, y entre lágrimas continuó:

– No quiero cometer el mismo error dos veces. Ahora voy a hacerlo bien. Seré una madre real, participativa y presente. Voy a cometer muchos errores, lo sé, pero no será por omisión ni por pereza. Cometeré errores porque soy humana y estoy llena de defectos...

Arnaldo miró a su mujer, asombrado ante tal transformación, y dijo:

– Cuenta con mi apoyo, Patrícia. ¿Cuándo puedo conocer a la niña?

– Cuando quieras. Incluso podría ser mañana.

– Mañana por la tarde puedes concertar una cita.

Patrícia empezó a visitar el refugio todos los días, por la tarde. Llevaba ropa, medicinas, leche, fruta y todo lo que Bela necesitaba. Y muchos juguetes. Se quedaba hasta el final de cada día cuidando al bebé y se sentía triste cuando tenía que dejarla.

Cuando no estaba con la chica, dedicaba su tiempo a preparar la habitación que había sido de Paula. Renovó todo el espacio y lo redecoró para darle la bienvenida a su hija. Arnaldo, que también había sentido una intensa conexión con la niña, al verla por primera vez, apoyó sin reservas a su mujer. Sergiño y Lívia, en cambio, actuaron en el plano espiritual de la casa, difundiendo vibraciones de cariño y paz, que se sintieron en el plano físico. La esperanza y el amor predominaban en el ambiente.

Después de seis meses, obtuvieron la custodia temporal. La concesión se llevó a cabo en un tiempo mucho más corto que la mayoría de procesos similares, tanto porque el bebé tenía graves problemas de salud como porque Patrícia tenía todas las condiciones económicas para cubrir sus necesidades. Además, la habilidad del astuto abogado y la acción constante de Sergiño, en conjunto, contribuyeron a que el caso se desarrollara sin problemas, más rápido de lo habitual.

Cuando el juez accedió a la solicitud y le concedió la custodia, Patrícia abandonó el foro asombrada. Ella y Arnaldo fueron directos al orfanato.

– Buenas tardes.

– Buenas tardes, Patrícia, Arnaldo. ¿Salió todo bien? ¡Están tan felices!

Patrícia mostró el documento:

– Aquí está, Guiomara. Vinimos a buscar nuestra hija. ¿Podemos llevarla?

La responsable del orfanato sonrió satisfecha y respondió:

– Claro que sí. Vamos a buscarla ahora.

Guiomara recogió las pocas pertenencias de la niña y se la entregó a Patrícia. Bela, que lloraba sin parar, inmediatamente se calmó en los brazos de su madre. A pesar de tener un año, la niña ni siquiera podía gatear.

Acariciando el cabello del bebé, Patrícia susurró:

– Vamos, cariño, vámonos a casa.

Junto a su marido y con Bela en brazos, abandonó el orfanato. Sergiño, Lívia y Helena compartieron la belleza de ese momento, llenos de emoción. Sin embargo, tan pronto como la pareja se acomodó en el auto, dos entidades vestidas con capas pesadas y capuchas negras se acercaron al vehículo. Uno de ellos dijo:

– ¿Es está aquí?

– ¿Estás seguro?

– Sí, es ella. Lo sé por las vibraciones de su periespíritu.

– Parece que llegamos tarde...

– No creo. Échale un buen vistazo. El bebé esta muy débil. Si nos concentramos, pronto destruiremos su encarnación y Paula volverá a servirnos. No acepto que uno de mis servidores haya dejado su puesto como lo hizo ella. La quiero de vuelta.

Sergiño se estremeció.

– ¿Que haremos? ¿No podemos evitar que se acerquen?

– No. Las vibraciones de Paula los atraen, sería inútil intentar ocultarlo. Necesitamos ayudarla a fortalecerse para que pueda superar esta fase.

– ¿Y cómo lo lograremos?

Helena le tocó el hombro y trató de consolarlo.

– Confiemos en el bien. ¡Había ganado!

– Sí, confiemos... – murmuró el chico, suspirando.

Patrícia, llena de alegría, colocó a su hija en la cuna bellamente decorada. La chica, antes tranquila, ahora parecía inquieta. La madre la tomó nuevamente en sus brazos y le habló dulcemente:

– ¿No estás cómoda en tu cuna?

Bela se calmó en su regazo. Patrícia la metió en el cochecito y la llevó a todas partes. Después del baño, le dio de cenar al bebé, que comió muy poco. De hecho, sufrió la influencia de energías destructivas de las dos entidades espirituales que la acosaban. A la mañana siguiente, Bela ardía de fiebre. Sus energías estaban siendo absorbidas por perseguidores espirituales. Patrícia la llevó al pediatra, el mismo que había atendido a Paula. La examinó durante mucho tiempo en detalle y comentó:

— Patrícia, no quiero desanimarte, porque sé lo feliz que eres. Sin embargo, debo decir que esta niña tiene graves problemas de salud. Será mucho trabajo solo para cuidar de ella.

— Pero podemos hacerla más fuerte, ¿verdad?

— Su problema más simple es la desnutrición. Otros síndromes están asociados con esto.

— Son tratables, ¿no?

— Sí; sin embargo, necesitará atención y seguimiento constante.

— ¿Y por qué la fiebre?

— Debe ser algún tipo de virus. Dale el antipirético y, si no mejora, tráela de vuelta.

— ¿Nada en los pulmones?

— No, están limpios. ¿Qué pasa con las vacunas?

— Aquí está la tarjeta. Se los llevó todos.

— Le recetaré más de esto, para cuando mejore.

Dos días después, Patrícia volvió al médico. Bela no mejoró. Se resistía a comer, dormía mal y seguía teniendo fiebre. El pediatra pidió unos exámenes. El resultado no apuntaba a nada nuevo. Todos los problemas ya habían sido detectados, y no justificaban aquella situación febril. Sin embargo, la niña empeoró.

Sergiño, Lívia y Helena compensaron con vibraciones sanas y amorosas las energías nocivas que la afectaban. Fue inútil, el estado de Bela se agravaba cada vez más y más. Ella estaba cada vez más débil.

Patrícia lloraba al borde de la cuna, diciendo, mientras se secaba las lágrimas:

– No entiendo, Arnaldo, solo empeora.

– ¿Y el doctor no dice qué es?

– No aparece nada anormal en los exámenes.

– ¿Cómo nada? ¿Y por qué no mejora?

– Nadie puede decirlo.

Abrazando a su marido, Patrícia confesó:

– Tengo miedo, Arnaldo. No quiero volver a perderla... Y si sigue así, sé que no resistirá...

Capítulo 24

Triunfo del bien

AL CONVERSAR CON PATRICIA sobre la situación de la niña, Eugenia le sugirió a quien se había convertido en su amiga:

— Creo que deberías llevarla al hogar espiritual para que reciba tratamiento, como tú. Y otra cosa muy importante: ¿has hecho el Evangelio en el Hogar?

— ¿Evangelio en el Hogar?

— Sí, has oído hablar de eso en el Centro, ¿no?

— Escuché, Eugenia, y te confieso que no le presté mucha atención... Parece una cosa de fanatismo, ¿sabes? Se trata de tener el día y la hora adecuados para reunirnos...

— Aunque entiendo tu sentimiento, créeme que la presencia del Evangelio y la oración en casa es fundamental para fortalecer y equilibrar la familia.

— ¿Y por qué es tan importante?

— Cuando oramos, establecemos una conexión más estrecha con Dios y con los espíritus amigos que nos rodean. Además, a medida que vibramos a través del hogar, descienden sobre él energías que limpian y renuevan el ambiente doméstico, creando una verdadera barrera energética que ayuda a proteger el hogar y a sus residentes. Otra cosa: consolidamos juntos los valores en los que creemos y la búsqueda del crecimiento se fortalece en la familia. Además, al estudiar el Evangelio de Jesús, se nos estimula a ejercer el amor, el perdón, la comprensión, dejando entrar las leyes divinas y hacer su hogar en nuestro hogar. Los espíritus perturbados o enemigos también son bendecidos en estos momentos en los que las almas de los familiares se elevan en meditación sobre las cuestiones más sutiles y superiores. En contacto con las lecciones del Evangelio, muchos perseguidores acaban siendo movidos por sus deseos de venganza y otras inclinaciones que motivaron su acercamiento al grupo familiar. Jesús en el hogar es la luz brillando. Debes comenzar de inmediato.

Mientras Eugenia hablaba, Helena rodeó a Patrícia de energías, especialmente mentales, ayudándola a captar el significado profundo de la actividad sugerida por la madre de Sergiño. Al final, Patrícia admitió muy conmovida:

– Vaya, me parece muy importante... Voy a hablar con Arnaldo y...

– Aunque él no quiera, tú puedes y debes empezar sola. Es decir, tú y Bela. Con el tiempo, tu marido podrá unirse a las dos. Pero no lo esperes.

– Está bien. ¿Y cómo lo hago?

– Elige un día de la semana y el horario que consideres mejor, más tranquilo y cuando estés seguro de poder dedicarte siempre a ello. Di una breve oración y lee un extracto del Evangelio y luego otro libro, con mensajes breves. Ambos se pueden abrir al azar. Reflexiona brevemente sobre la lección y luego ora nuevamente por la familia y por todos los que entran a tu hogar. Emitir vibraciones de amor, paz y armonía sobre el hogar y sus miembros, rogando a Dios protección, apoyo y luz.
Y eso es todo, muy sencillo.

– Parece fácil.

– Lo es, aunque extremadamente eficaz. Y luego estas son cosas que es necesario experimentar para evaluar su fuerza.

Empieza, Patrícia, y no te sorprendas si aparecen obstáculos de todo tipo.

– ¿Cómo así?

– Pueden surgir varias situaciones inusuales, incluso en el día y hora que elijas para realizar esta actividad, que estorben.

–¿Es cierto?

– Y si esto sucede, debes saber que estás en el camino correcto para superar tus dificultades. Muchos quieren que sigamos atados al pasado, enredados en nuestros problemas, y esa es nuestra propia tendencia. Por eso hay que tener cuidado y disciplina; te ayudará a superar obstáculos y mantenerte en el camino.

– Entonces, ¿puedo llevar a Bela al Centro?

– Sí, hablemos con la líder de la obra, su nombre ya está ahí, recibiendo vibraciones.

Patrícia regresó a casa un poco más esperanzada. Comenzó a llevar a Bela al Centro para recibir tratamiento. Pasaron dos semanas sin que la niña mostrara ninguna mejoría significativa. Patrícia siguió preocupada y Eugenia comentó:

– ¿Pudiste implementar el Evangelio en el Hogar?

– Todavía no...

Esa noche habló con Arnaldo sobre lo que le había aconsejado su amiga. Parecía reticente.

– No puedo comprometerme a participar cada vez... Sabes que no tengo un horario regular...

– No hace mal. ¿Cuando estás en casa participas?

El marido acabó accediendo, aunque no estaba seguro del beneficio que les reportaría. No entendía cómo esa simple actitud tendría el poder de iluminar todo el hogar.

A la mañana siguiente, Bela lloró mucho. Patrícia tomó a la pequeña en brazos y vio que ardía de fiebre. La llevó al hospital. Después de un cuidadoso examen, el pediatra informó:

– Está deshidratada y creo que tiene una infección en los pulmones.

– Dios mío, ¿cómo? La cuido mucho...

– Tranquila mamá, sé lo comprometida que estás para ayudar a Bela, pero su salud es muy frágil. Recomiendo hospitalización.

– ¿Crees que el caso es tan grave?

– Y serio, sí.

Patrícia observó el procedimiento con el corazón apesadumbrado y lágrimas incesantes brotando de sus ojos. Rezó a Dios para que protegiera a su hija, su amada hija.

Helena, que estaba observando todo, dijo a Sergiño y a Lívia:

– Tiene razón en estar preocupada. La salud de la niña es mala y sus perseguidores se la están chupando a pesar de nuestra ayuda. Su vibración hace que les resulte más fácil acosarla.

Tocándose las manos afectuosamente, Lívia dijo:

– Buscaré ayuda. Esta encarnación corre riesgos. Debemos actuar rápidamente.

– Ve, hija mía, ve de verdad. Necesitamos toda la colaboración que podamos reunir.

Lívia partió sin demora, buscando apoyo en las esferas superiores del Puesto de Socorro para afrontar ese delicado momento. Mientras tanto, Helena y Sergiño involucraron a Patrícia y Bela en energías vigorizantes. Esa noche, ingresado en la UCI infantil, la niña empeoró aun más, el médico advirtió a la pareja:

– No sé si sobrevivirá esta noche.

Abrazando a su marido, Patrícia lloró de angustia.

– No puedo soportar perderla de nuevo.

– ¿Cómo, perderla de nuevo?

– No quiero volver a perder a Paula.

– Patrícia, no te encuentras bien...

– Estoy seguro, Arnaldo: ella es Paula, nuestra hija que volvió para cuidarla. La vida nos dio una nueva oportunidad... No podemos perderla.

Patrícia se dirigió a la capilla del hospital, donde, arrodillada ante la imagen de Jesús, oró entre sollozos:

– ¡Ayúdame, Jesús! No dejes que se vaya. Ayúdame por favor. Haré todo lo que me indiques, pero, por compasión, salva a mi hija... mi niña...

Agotada, acabó quedándose dormida en la sala de espera. Aun amanecía cuando Lívia regresó con un emisario de Eurípedes Barsanulfo, quien había sido asignado para colaborar en la recuperación de Bela. Inmediatamente se paró junto a la cuna y comenzó a transmitir fluidos magnéticos para fortalecer el cuerpo de la niña. La acción duró varias horas. Helena, Sergiño y Lívia permanecieron en oración, ayudando al joven que había venido a socorrerlos.

Pronto el doctor buscó a la pareja, en la sala de espera. Al verlo, Patrícia se levantó asustada.

– ¿Cómo está, doctor?

– Está mejorando – llegó la respuesta con una sonrisa –. Aunque no sé cómo explicarlo, el cuerpo reaccionó. La fiebre está bajando y ya está mejorando. Sin embargo, su estado es muy frágil y requiere cuidados.

Patrícia abrazó a su marido, llena de esperanza, y mentalmente agradeció a Jesús. Dos días después, Bela salió del hospital aun en estado muy delicado.

– Recuerden: si tiene fiebre, tendrán que volver corriendo al hospital. Está muy empoderada. Necesita una buena nutrición. Y mucha agua.

La asistencia espiritual continuó en casa. Patrícia y Arnaldo comenzaron a llevar el Evangelio en el Hogar con regularidad. Bela mejoró lenta, pero constantemente. La pareja, que se hizo cargo del bebé, también continuó el tratamiento en el Centro espiritual.

Una noche, mientras dormía, Patrícia fue llevada en espíritu a la habitación de su hija y se arrodilló llena de emoción frente al magnífico cuadro que encontró. Elías, el enviado de Eurípedes Barsanulfo, recibió energías luminosas de lo Alto y las transmitió a Bela. Alrededor de la cuna, Sergiño y Lívia mantenían una vigorosa corriente magnética, impidiendo que llegaran energías nocivas. También vio los espíritus que intentaban atacar a la niña. Helena la levantó y le preguntó:

– No dejes de orar por ellos, inclúyelos en tus oraciones personales. Se acerca el momento de la liberación.

– ¿Quién es este emisario divino que ayuda a mi hija?

– Es Elías. Trabaja con nuestro querido hermano Eurípedes Barsanulfo. ¿Alguna vez has oído hablar de él?

– No lo sé, no lo recuerdo.

– No importa. Él está actuando para nuestro beneficio.

Cuando Patrícia despertó, mantuvo muy vívidas las imágenes que había visto. Intentó descubrir quién era ese Eurípedes del que había oído hablar en un sueño. Eugenia le regaló un libro sobre su vida para que pudiera conocerlo. Después de leer, Patrícia comentó:

– Me gustaría visitar la casa de Eurípedes. Creo que es él quien cuida de Bela. Lo siento...

– Bueno, organicemos un viaje allí – sugirió la amiga –. ¿Vas a llevarte a la niña?

– Ciertamente.

– ¿No te resultará muy agotador?

– Podemos ir en avión. Además, se recupera poco a poco. Aun no está curada, pero está mejor.

– Habla con el pediatra y, si lo cree conveniente, vayamos.

Como el médico autorizó el viaje, a la semana siguiente fueron a Uberaba y luego a Sacramento. Visitaron el Centro Espírita mantenido por Heigorina Cunha, donde una vez estuvo Eurípedes Barsanulfo. Patrícia estaba llena de esperanza. Deseaba ardientemente la curación completa de su hija y la liberación del mal que la afligía. Si el médico no sabía qué hacer para ayudarla, ahora creía que más allá de la materia densa había mucho más, y que eso marcaba la diferencia.

Durante el sencillo estudio del Evangelio en casa de Eurípedes, los dos perseguidores de Paula fueron apartados definitivamente y la niña regresó del viaje completamente renovada. Era un espíritu liberado y estaba equipado para comenzar su nueva historia en la Tierra. Patrícia, con el corazón tranquilo y confiado, sintió que su hija estaba libre.

Bela recuperó en gran medida su vigor físico y, a pesar de las limitaciones que tenía en su cerebro, que dificultaron su viaje, su salud era buena. La paz y la armonía se establecieron en ese hogar. Patrícia se dedicó con amor a su familia. Arnoldo, por su vez, pasaba más tiempo en casa y acompañaba a su esposa, encantado por los cambios que se estaban produciendo en ella. Juntos iniciaron una búsqueda sincera de crecimiento espiritual, a través del conocimiento de la Doctrina Espírita y las lecciones del Evangelio de Jesús.

Helena siguió de cerca la evolución de su familia y de su querida familia, Sergiño, feliz, comentó:

– ¡Qué alegría siento al verlos tan bien...!

– Gracias a Dios y a ti, Sergiño.

– No hice nada.

– Tu perseverancia fue admirable – elogió Lívia abrazando a su primo.

– Pero fue doloroso. Si llegábamos antes, no creo que pudiera llevar la tarea hasta el final.

– Sí, lo sé.

– Te agradezco mucho todo lo que hiciste por ellos – intervino Helena –. Muchas gracias por tu cariño, por tu dedicación.

– En realidad, soy en parte responsable de la situación rebelde en la que se encontraba Paula...

Helena lo miró en silencio.

– Fui yo quien la incitó a rebelarse contra las leyes, quien la incitó a la violencia y también... a las drogas. Asumo mi parte de responsabilidad por lo que le pasó. Sé que fue por eso que nosotros dos encarnamos juntos... Es doloroso tener que afrontarlo, pero esa es la verdad.

Lívia abrazó a su primo, quien afectuosamente añadió:

– Todo realmente lo logré porque tengo mucha gente que me quiere, a pesar de todo lo que he hecho y de todos mis defectos. Y este amor de Lívia, de mi familia, los amigos espirituales que encontré y, sobre todo, Jesús que me da ánimos para continuar...

Agradecidos, los tres presenciaron con intensa emoción las transformaciones que se producían en la casa familiar de Paula.

Capítulo 25
Perdón Incondicional

DESPUÉS DE DOS MESES, la salud de Bela estaba mucho más equilibrada. Al regresar de su visita al pediatra, Patrícia se mostró eufórica y compartió con su esposo los sorprendentes avances que había tenido el bebé.

— Te lo digo, Arnaldo: el médico garantiza que se encuentra bien, que no hay signos de falta de vitaminas y que el desarrollo de los huesos sigue su curso normal. La recuperación fue completa.

— Es increíble. De la misma manera ellos no tenían idea de qué le pasaba a nuestra hija, no era bueno decir qué la hacía mejorar...

— De hecho, no tienen la más mínima noción. Creo que eran realmente problemas espirituales.

— ¿Crees eso?

— Solo podría ser. Después del tratamiento al que se sometió y de nuestra visita a Sacramento, mostró una mejora cada vez mayor y ahora está verdaderamente curada.

— ¿Qué pasa con otros problemas que pueda tener?

— ¿Del desarrollo mental, quieres decir?

— Y motrices también, ¿no?

— Sí, y todo tiene que ver con el cerebro. Respecto a estos, el médico no dijo nada. No hay forma de saberlo ahora mismo. Sea como fuere, creo, superaremos las dificultades. Y si tiene alguna limitación, ¿qué importa? La amo y quiero que sea feliz tal como es.

Arnaldo se acercó a Patrícia, quien estaba sentada en medio de la habitación de la niña, observando sus travesuras, viéndola divertirse con los juguetes. Acarició el hombro de su esposa y declaró, sonriendo a su hija:

– Bela trajo una inmensa alegría a nuestra vida. Y has sido una madre muy dedicada. Estoy feliz, Patrícia.

– Yo también y mucho.

Lívia, que observaba feliz la escena, le comentó a Sergiño:

– Bueno, creo que ha llegado el momento de volver a la Colonia. Nuestro trabajo aquí está terminado.

– ¿Estás segura, Lívia?

– Sí, nuestra tarea está completa.

– Me gustaría quedarme más tiempo...

– Puedes volver otras veces, cuando estés en la corteza, y seguir ayudándolos. Tú lo sabes.

– Tengo muchas ganas de estar cerca de ella, sobre todo ahora que todo está tan bien...

– Sergiño, no debemos perder el tiempo. Tienes que continuar tu aprendizaje, tu desarrollo. Entonces tenemos que irnos. Cuando la extrañes, ven a visitarla.

Sin dejar de mirar a Bela, asintió:

– Está bien. Solo me gustaría volver a ver a mi familia.

– Así que vayamos allí, para que puedas despedirte.

Pronto entraron en la antigua casa de Sergiño, donde Eugenia estaba preparando la cena. Fabio tocaba la batería en su habitación y Sueli estudiaba atentamente. Felipe aun no había llegado del trabajo. El ambiente era tranquilo y acogedor. Las vibraciones que rodeaban la casa eran de amor, comprensión y fe. Sergiño se acercó

Dejó a su madre y, como hizo cuando estaba encarnado, la besó tiernamente en la mejilla.

– Mamá, gracias por todo. Como siempre, nos ayudaste mucho. Que Jesús te bendiga.

Sueli entró a la cocina con el libro en las manos y, al mirar a su madre, lo dejó caer sorprendida al ver al hermano.

– ¡Opa!

– ¿Qué pasó, Sueli?

– Es Sergiño. Está aquí.

– Debería haberlo imaginado. Sentí una calidez diferente y un fuerte anhelo...

– Se va. Dice que terminó su tarea, que todo en casa de Paula está en orden mis queridos. Aun así, para estar seguro, te pide que los vigiles.

– Por supuesto, hijo mío. Con calma.

Sergiño se despidió de su familia y regresó con Lívia al Puesto de Socorro que atendía a jóvenes desencarnados víctimas de abusos personales, en particular de consumo de drogas. Se sorprendió al ver el lugar tan lleno de gente. Al encontrarse con Mesías, observó:

– Parece estar aun más ocupado que cuando nos fuimos.

– Y esto va y viene constantemente. El número de jóvenes que han muerto por consumo de drogas son gigantes. Y no deja de crecer.

– Mesías, ¿no hay nada más concreto que se pueda hacer para defenderlos?

– Trabajar para fortalecer los vínculos de amor y respeto mutuo dentro de los hogares es fundamental.

También hay que rescatar y consolidar los valores espirituales. Es imperativo que Jesús esté en el centro de hogares y corazones. Sus enseñanzas divinas deben adoptarse como los verdaderos valores para una vida de crecimiento y victorias.

— Parece fácil...

— En la práctica es muy difícil. Los jóvenes están cometiendo muchos errores. Se meten en las drogas por curiosidad. Influenciados, a menudo por amigos, que quieren saber cómo es.

— Es natural querer conocer, aprender, descubrir, vivir...

— Sí, pero necesitan entender los riesgos que están implícitos en el mero hecho de probar drogas.

— Y, porque al principio prueban sentirse bien. Relajación, bienestar, confianza en uno mismo... Lucidez, agilidad mental...

— Una falsa sensación de poder y alegría. Y corroen el cuerpo, el cerebro; luego, destruyendo la vida y la oportunidad de encarnar. La recuperación puede llevar mucho tiempo. También aquí, en el plano espiritual, has visto la situación de esclavitud, de sometimiento en la que quedan los jóvenes.

— Es muy triste. Tengo absoluta aversión a las drogas, ni siquiera quise probarlas.

— Porque en tu vida anterior estuviste involucrado en la guerrilla y el narcotráfico.

— Así es. Sé que sufrí mucho en el plano espiritual y prometí que no tocaría ninguna de ellas, jamás. Creo que fácilmente me volvería adicto, si las probara, debido a mi pasado como usuario.

— Sin duda sería una presa fácil. Tu cuerpo espiritual todavía lleva las marcas de las experiencias vividas bajo la influencia de las drogas.

El rostro de Sergiño se puso triste.

— ¿Qué fue?

– ¿Podrá Paula superar su adicción?

– Ahora está rodeada de todos los requisitos para vencer.

– Sin embargo, tendrá tantos problemas físicos, limitaciones... Esto podría exponerla a sufrimiento emocional, carencias, humillaciones. ¿No la haría aun más fácil de atrapar?

– A veces las dificultades son las mejores aliadas que las facilidades. Confiemos en la providencia de Dios, que sabe siempre lo mejor para cada uno de sus hijos.

Unos días después, el grupo se encontraba en la Colonia donde vivía Sergiño, cuando Lívia anunció:

– Querido primo, es hora de regresar a mi casa. Debo regresar pronto al plano físico y necesito prepararme.

– ¿Vas a regresar a la Tierra? ¿Por qué?

– Porque tengo mucho que aprender. Y porque el planeta necesita de nuestro aporte, de todo nuestro amor.

– Y que has hecho tanto aquí mismo...

– Llevo mucho tiempo en el plano espiritual. Tengo seres queridos, de mi grupo familiar, que necesitan de mi colaboración.

– ¿Y qué será de mí cuando no estés aquí? ¿Cómo continuaré con mi trabajo?

– ¿Recuerdas que Mesías dijo que en las próximas tareas debías ganar autonomía?

Sergiño asintió.

– Ahora mismo, en tus acciones para ayudar a Paula, hiciste mucho solo.

– Pero siempre conté con tu apoyo, tu presencia...

– Sí, y ha llegado el momento de coger confianza para hacerlo solo. De hecho, nunca estarás solo. En cada obra que se realiza para el bien, hay muchos compañeros que trabajan juntos.

Siempre que te pongas al servicio de la causa de Jesús, muchos serán enviados para ayudar. Fraternidad y solidaridad. Aprenderás. Bueno, ahora tengo que irme.

– ¿Antes de tu regreso nos volveremos a ver?

– ¡Por supuesto que sí! No será inmediato.

Los dos se despidieron con un cálido abrazo. De regreso a la Colonia, aunque feliz, Sergiño se sintió solo. En pocos días retomó su rutina de tareas, estudios, además de trabajos prácticos, informes y actividades sociales. Todo iba bien y; sin embargo, el joven estaba inquieto. Algo le molestaba, sin que pudiera darse cuenta de qué era exactamente. No podía relajarse y su descanso era superficial.

Una tarde, después de una larga actividad ayudando a un grupo de jóvenes recién desencarnados que habían llegado de la corteza, se retiró a su habitación a descansar. Una de las jóvenes no puede salir de su cabeza. Su condición era tan lamentable que apenas se podía reconocerla como un ser humano, estaba completamente deformada por el uso continuo de drogas.

Sergiño se quedó dormido. Como en un sueño, se vio a sí mismo en un bosque, corriendo entre los árboles. Sus pies no tocaron el suelo. También vio a miles de jóvenes corriendo hacia el bosque; todos huyeron, enfermos, deformes. Intentó ver de quién huían. Se sorprendió al darse cuenta que estaban huyendo de él. Él era el perseguidor.

Se arrodilló en el suelo y lloró desolado. ¿Cuántas vidas contribuiste a destruir? Se sintió profundamente amargado. Mientras dormía, se acercó una chica, cuya aura se expandía en una luz azulada. Ella le tocó los hombros y dijo:

– No dejes que el peso de la culpa te impida proceder. Cometiste un gran error, es verdad. Pero ahora tienes la oportunidad de ayudar. Piensa en lo que hiciste por Paula.

Él objetó:

— No hice nada... Todo fue culpa mía.

— Ayudaste mucho, Sergiño. Y eso es lo que hay que seguir haciendo. Decide trabajar incesantemente por el bien, como una forma de reparar tus errores. Esto te hará crecer y ser feliz. Cada persona a la que ayudes traerá una inmensa alegría a tu corazón, debido a la conciencia aliviada de tus deudas.

— Me siento avergonzado de mí mismo.

Tomándolo de la mano, lo llevó a un enorme acantilado.

— Mira.

El joven contempló el cielo, y la luz que vio era mucho más brillante que la del Sol. Cerró los ojos para no quedarse ciego.

— ¿Qué tan brillante es eso?

— Es una pequeña parte de la luz que Jesús derrama sobre la Tierra.

— ¿Es esta la luz de Jesús?

— Es un poquito de ella. Puedes sacar fuerzas deteniéndote donde la luz del Maestro vibra más intensamente. Ya has aprendido y sabes lo que debes hacer.

Abandona el peso de la culpa y toma la firme decisión de servir, como ya lo has hecho. Solo que ahora sin intereses personales, por el bien de los demás, que al final será para ti mismo.

— ¿Quién eres? ¿Por qué eres todavía una niña, si tienes tanta conciencia?

— Me encanta esta apariencia espiritual. En realidad, trabajo al servicio de María, sirviendo a los niños de todas partes, tanto encarnados como prematuramente desencarnados. Son recibidos y atendidos inmediatamente. Somos muchos los que mantenemos una forma espiritual infantil, por eso les damos la bienvenida y luego los involucramos en juegos y actividades que los distraen y ayudan a guiarlos en el plano espiritual.

Sergiño sonrió y dijo:

– Realmente no sabemos nada, ¿verdad?

– Estamos aprendiendo...

El joven despertó en su habitación sabiendo que era mucho más que un sueño.

Capítulo 26
El trabajo continúa

AL POCO DE DESPERTAR, Sergiño salió a buscar a Mesías. Tocó la puerta de la oficina de su asesor, quien dijo:

– Pasa, Sergiño. Ya te estaba esperando.

– ¿Me estabas esperando?

– Sí. Creo que está listo para una nueva tarea.

– Eso es exactamente de lo que vine a hablar. Necesito ayudar, trabajar. Solo así podré sentirme en paz con mi conciencia.

– Y entonces podrás continuar con tu ascensión espiritual. Es genial que estés listo para una nueva misión. Tengo una tarea importante que confiarte.

– ¿De qué se trata?

– Siéntate.

Mesías buscó la información en su computadora de última generación y se la transmitió a Sergiño:

– Tu amigo Renato necesita ayuda.

–¿Renato? No lo he visto desde...

– Desde que regresó del plano físico.

– Y ha pasado un tiempo.

– Tu amigo está en una situación muy complicada. ¿Conoces a ésta chica?

– Es Pamela. Estudió con nosotros.

– Está embarazada. Están esperando un hijo.

– ¿Renato va a ser padre?

– No está dispuesto a asumir este papel.

Sergiño lo miró aprensivo; ya me imaginaba lo que le estaba pasando a mi amigo.

– Y así es, ella tiene la intención de quitarse al bebé, ya quiere abortar.

– ¿No quieren al bebé?

– Dicen que no están preparados... Sin embargo, la vida es de Dios. La sumisión a este precepto es un acto de reconocimiento de una atribución que pertenece únicamente al Creador.

Manteniendo la atención de Sergiño, el asesor añadió:

– Renato, Pamela y el bebé que ya está apegado a la madre tienen el compromiso, hecho en el plano espiritual, de formar una familia. Este espíritu tiene tareas que cumplir en el planeta. El aborto traerá mucho sufrimiento a los tres, especialmente a la madre. Por eso, tu misión es ayudarles a comprender la importancia de la vida y evitar que cometan este crimen contra las leyes divinas. Debes trabajar para prevenir el aborto y apoyarlos para que el bebé pueda nacer.

– ¿Tengo capacidad para realizar una tarea tan seria? Estoy preocupado, Mesías.

– No actuarás solo. La abuela de Pamela estará a tu lado, decidida a cooperar.

– ¿Crees que soy capaz?

– Recuerda que Jesús estará contigo, y con él todo es posible.

– Está bien. Acepto el encargo con alegría y me comprometo a actuar de la mejor manera que pueda.

Agradecido y aun conmovido por la experiencia vivida con Paula, Sergiño aceptó la nueva tarea con temor, pero al mismo tiempo contento con la preciosa oportunidad.

– ¿Y que debería hacer? ¿Dónde comenzaré?

– Voy a llamar a la abuela de la niña y nos vemos aquí a las seis. Deberías ir hoy. La cuestión requiere una acción rápida si queremos tener posibilidades de éxito.

Unas horas más tarde, junto a Benedicta, la simpática señora de cabello gris y dulce sonrisa que lo acompañaría, Sergiño recibió las últimas instrucciones de Mesías sobre el trabajo que le esperaba.

Pronto estaría en la corteza, con la tarea de ayudar a Renato, su amigo de la infancia y compañero en sus sueños de adolescencia.

Extras

UMBRAL

EL NOMBRE UMBRA:l nos fue traído por André Luiz para designar las zonas oscuras del plano espiritual cercanas a la corteza terrestre, donde habitan entidades sumidas en la ignorancia, dominadas por malas tendencias y sentimientos, gente mezquina. Hay en ella mezclas de sombra y luz, ya que existen dos tipos de región umbralina: una en la que existen colectividades espirituales con un estándar vibratorio bajo, con una emisión constante de fluidos negativos; y otro luminoso, en el que se ubican Colonias, Puestos de Socorro y centros de trabajo de la espiritualidad superior.

En todas las capas alrededor de la Tierra hay Colonias espirituales, y cuanto más se aleja de la corteza, menor es el número de criaturas perturbadas o perversas y, naturalmente, la concentración de zonas oscuras.

El mundo Umbralino no tiene división geográfica, porque en cualquier ambiente donde hay reunión de seres espirituales inferiores hay oscuridad es, en consecuencia, Umbral.

Veamos, al respecto, la explicación contenida en el libro *Nuestro Hogar*: *es la zona oscura de quienes en el mundo ingenuo han decidido cruzar las puertas de los deberes sagrados, para cumplirlos, demorándose en el valle de la indecisión o en el pantano de numerosos errores.*

Al reencarnar, el espíritu promete cumplir el programa previamente trazado para esta nueva pasantía; sin embargo, al recapitular experiencias terrenales, tiene mucha dificultad para hacerlo y vuelve a buscar lo que le satisface: el egoísmo. De esta forma, mantiene el mismo odio hacia sus oponentes y la misma pasión por sus amigos. Y es con fines tan distorsionados que se forman todas las multitudes de espíritus desequilibrados que permanecen en las regiones brumosas adyacentes a las aguas de los fluidos carnales.

Y André Luiz añade: *El Umbral funciona, para ambos, como región destinada al agotamiento del derroche mental; una especie de zona purgatorial, donde se quema a plazos el material deteriorado de las ilusiones que la criatura adquirió al por mayor, menospreciando la oportunidad sublime de una existencia terrena.*

[ ]

Nuestro Hogar (caps.12 y 34) – André Luiz/Francisco Cândido Xavier, FEB.

Liberación (cap. 6) – André Luiz/Francisco Cândido Xavier, FEB.

NUESTRO HOGAR

COLONIA ESPIRITUAL ubicada en la cuarta capa adyacente a la corteza planetaria. Las obras de André Luiz traen relatos sobre su historia, su papel y el trabajo fraternal que dedica entre encarnados y desencarnados. De esta manera, se retrata claramente la importancia de los servicios desarrollados por esta y muchas otras organizaciones del mundo espiritual en beneficio de la evolución humana.

[ ]

Nuestro Hogar – André Luiz/Francisco Cândido Xavier, FEB.

Ciudad del Más Allá – André Luiz/Francisco Cândido Xavier / Heigorina Cunha, Instituto de Difusión Espírita.

Nuestro Hogar, la película – basada en el libro del mismo nombre y dirigida por Wagner de Assis.

VAMPIRISMO

ACCIÓN DE ESPÍRITUS desencarnados en desequilibrio o con intenciones de venganza, que conectan fluidamente con los encarnados, influyendo en su voluntad y disfrutando de sensaciones provenientes del cuerpo denso. El libro *"Evolución en dos mundos"* hace una aportación esclarecedora al abordar el tema de la obsesión y el vampirismo, de la siguiente manera.

"En procesos diferentes, pero teniendo en cuenta los mismos principios de simbiosis nociva, encontramos los circuitos de obsesión y vampirismo entre encarnados y desencarnados, desde las antiguas épocas en las que el espíritu humano, iluminado por la razón, fue llamado por los principios de la Ley Divina a renunciar al egoísmo y la crueldad, a la ignorancia y al crimen.

Rebelándose; sin embargo, en su gran mayoría, contra la sagrada convocatoria y libres de elegir su propio camino, las criaturas humanas desencarnadas, en gran número, comenzaron a oprimir a sus compañeros en la retaguardia, compitiendo por los afectos y las riquezas que quedaban en la carne, o intentos de aventuras de venganza y delincuencia, cuando sufrieron el proceso liberador de la desencarnación en circunstancias criminales. Las víctimas de homicidio y violencia, brutalidad manifiesta o persecución encubierta, fuera del recipiente físico, entran en el ámbito mental de los delincuentes, conociendo la enormidad de sus faltas ocultas, y, en lugar del perdón, con el que se exonerarían de la cadena de la oscuridad, emprenden una venganza atroz, devolviendo golpe por golpe y mal por mal."

Siguiendo el mismo trabajo, André Luiz aborda el tema de las infecciones fluidicas.

"Muchos atacan a adversarios que todavía están presentes en el cuerpo terrenal, excitando su imaginación con formas mentales monstruosas, alteraciones operativas que podemos catalogar como 'infecciones fluidicas' y que determinan el colapso cerebral con una locura devastadora.

Y muchos otros, inmovilizados en pasiones egoístas de tal o cual naturaleza, descansan en un pesado monoideísmo, a los pies de los encarnados, de cuya presencia no se sienten capaces de alejarse.

Algunos, como los ectoparásitos temporales, proceden a semejanza de mosquitos y ácaros, absorbiendo las emanaciones vitales de los encarnados que interactúan con ellos, aquí y allá; pero muchos otros, como endoparásitos conscientes, después de tomar conciencia de los puntos vulnerables de sus víctimas, secretan sobre ellas ciertos productos, afiliados a la química del espíritu, y que podemos denominar simpatinas o aglutininas mentales, productos que, substituiblemente,, modifican la esencia de sus propios pensamientos vertiéndolos, continuamente, desde los fulcros energéticos del tálamo, en el diencéfalo.

Una vez establecida esta operación de ajuste, los desencarnados y encarnados, comprometidos en mutua degradación, realizan en claro automatismo, el camino de los animales en absoluto primitivismo en las líneas de la Naturaleza, los verdugos comúnmente dominan las neuronas del hipotálamo, acentuando su propio dominio sobre el haz amielínico que lo conecta a la corteza frontal, controlando las estaciones sensitivas del centro coronario que lo conecta a la corteza frontal, controlando las estaciones sensibles del centro coronario que allí se fijan para el gobierno de las excitaciones, y producen sus

Las víctimas, cuando sus intenciones se contradicen, inhiben diversas funciones viscerales, mediante influencia mecánica sobre las zonas simpáticas y parasimpáticas. Tales maniobras, en intrincados procesos de vampirismo, promueven el régimen de miedo o guerra nerviosa en las criaturas de las que se vengan, alterando su pantalla psíquica o imponiendo daños constantes a sus tejidos somáticos.

Sexo y Destino (cap. VI)-André Luiz/Francisco Cândido Xavier, FEB.

. *Nuestro Hogar* (cap. 31) - André Luiz/Francisco Cândido Xavier, FEB.

Misioneros de la Luz (cap. 4) - André Luiz/Francisco Cândido Xavier, FEB.

Evolución en Dos Mundos (Primera parte, capítulo XV) - André Luiz/Francisco Cândido Xavier/Waldo Vieira, FEB.

En los dominios de la mediumnidad (cap. 15) - André Luiz/Francisco Cândido Xavier, FEB.

ADOCTRINAMIENTO

ACTIVIDAD REALIZADA en casas espirituales con el objetivo de apoyar la espiritualidad en el servicio de Jesús en la asistencia a los espíritus desencarnados que necesitan ayuda y esclarecimiento, así como a los encarnados en desequilibrio que sufren su influencia.

En los dominios de la mediumnidad (cap. 7) – André Luiz/Francisco Cândido Xavier, FEB.

Misioneros de la Luz (cap. 17) – André Luiz/Francisco Cândido Xavier, FEB.

Diálogo con las sombras (el adoctrinador) – Hermínio C. Miranda, FEB.

FORMAS PENSAMIENTO

TODO PENSAMIENTO emitido por el hombre queda grabado en la memoria vital del espíritu y en el éter cósmico. Así, las formas pensamiento pueden definirse como concretizaciones de pensamientos en el campo espiritual.

Las criaturas viven siempre rodeadas del halo vital de energías que vibran en su interior, y este halo está formado por partículas de fuerza que se irradian por todos lados, produciendo impresiones agradables o desagradables, según la naturaleza del individuo que las irradia.

El pensamiento actúa como una onda sutil, a una velocidad mucho mayor que la de la luz, y cada mente y fantasma generador de fuerza creativa. Dado que el bien es la expansión de la luz y el mal es la condensación de la sombra, nuestras actitudes hacia la vida determinan el rango vibratorio en el que tomamos nuestras decisiones.

Así, siempre que nos entregamos a la crueldad, nuestros pensamientos, al pasar por lugares y criaturas, situaciones y cosas que afectan nuestra memoria, actúan y reaccionan sobre sí mismos, en un circuito cerrado, atrayendo volvemos a las sensaciones desagradables recogidas en la cantata de nuestras infelices obras.

Somos invariablemente generadores de formas pensamiento que, según nuestras propias elecciones, pueden reproducir deseos impuros, recuerdos dolorosos, miedos, culpas, angustias, manteniéndonos en un clima íntimo oscuro, o representar sentimientos de alegría, respeto, solidaridad, buena voluntad y otras cosas que nos aseguren un campo interior sano.

Dentro de los principios de causa y efecto, nuestras creaciones mentales prevalecen fatalmente en nuestras vidas. Nos liberan cuando se atrincheran en el bien y nos aprisionan cuando se fijan en el mal.

Periespíritu, 2.ª edición revisada y ampliada, Zalmino Zimmermann, página 218.

En los dominios de la mediumnidad (cap. 16) - André Luiz/Francisco Cândido Xavier, FEB.

Acción y Reacción (cap. s) - André Luiz/Francisco Cândido Xavier, FEB.

PROGRAMACIÓN RENCARNATORIA

TODOS LOS ESPÍRITUS que regresarán a la vida física tienen su programación de reencarnación realizada en el mundo espiritual, teniendo en cuenta las necesidades del momento a ser tenidos en cuenta para su evolución. Esta planificación incluye una serie de pruebas y los principales desafíos que enfrentará el espíritu para que, superando las dificultades, pueda avanzar en su camino evolutivo. Según el grado de conciencia del reencarnado, éste puede participar en la elaboración de este programa; o, si no puede hacerlo, solo los espíritus protectores se encargarán de ello.

[ ]

El Libro de los Espíritus (Libro Segundo, capítulo VI, inciso V – Elección de las pruebas) –Allan Kardec, FEB.

Entre la tierra y el cielo – André Luiz/Francisco Cândido Xavier, FEB.

TRANSICIÓN PLANETARIA

DE LA MISMA MANERA que los seres que habitan el universo, los mundos también están en proceso de evolución. Así, los planetas se transforman con el tiempo. La Tierra, que alguna vez fue un mundo primitivo y evolucionó hacia un mundo de expiación y de pruebas, se encuentra ahora en medio de una fase de transición para convertirse en un mundo de regeneración. Durante el período de transición, se acentúan las luchas planetarias: guerras, cataclismos naturales, así como la percepción de un ambiente caótico, donde parece que todo sucede sin control. Mientras tanto, es solo apariencia. Dios está a cargo de todo y cada acontecimiento está sujeto a su voluntad soberana.

El Evangelio según el Espiritismo (cap. III) – Allan Kardec, FEB.

La Génesis (caps. XVII y XVIII) – Allan Kardec, FEB.

A camino de la luz – Emmanuel/Francisco Cândido Xavier, FEB.

Los exiliados de Capella – Edgard Armond, Aliança Espírita.

DIFERENCIAS SOCIALES

EL PROBLEMA DE LAS DESIGUALDADES SOCIALES se centra en la codificación espiritual y particularmente en la obra "*El Evangelio según el Espiritismo*", que resume bien el tema en el extracto que reproducimos a continuación.

"Deploran con razón el terrible uso que algunos hacen de sus riquezas, las pasiones innobles que la codicia provoca, y uno se pregunta: ¿Será Dios justo dándoselas a tales criaturas? Es cierto que si el hombre tuviera solo una existencia única, nada justificaría tal distribución de los bienes de la Tierra; sin embargo, si no tenemos a la vista solo la vida actual y, por el contrario, consideramos el conjunto de las existencias, veremos que todo se equilibra con la justicia. Por tanto, los pobres carecen de motivos para acusar a la Providencia, así como para envidiar a los ricos, y los ricos para gloriarse de lo que tienen. Si abusan, no será con decretos ni leyes suntuarias que se remediará el mal. Las leyes pueden, por el momento, cambiar el exterior, pero no pueden cambiar el corazón; por lo tanto, son de corta duración y casi siempre van seguidos de una reacción más desenfrenada. El origen del mal está en el egoísmo y en la soberbia: los abusos de toda especie cesarán cuando los hombres se rijan por la ley de la caridad."

El Libro de los Espíritus (Libro Tercero, capítulo IX) – Allan Kardec, FEB.

El Evangelio según el Espiritismo (cap. XVI, ítem 8, Desigualdad de riquezas) – Allan Kardec, FEB.

PROCESO DE ENCARNACIÓN

NO HAY DOS ENCARNACIONES iguales, pero didácticamente, los momentos sucesivos que acompañan la inmersión del espíritu en la carne pueden separarse en fases, nunca estancarse. André Luiz, en la obra *"Misioneros de la Luz"*, estudia un proceso de reencarnación, mostrando cómo se desarrolla una encarnación semi voluntaria.

1ra Fase: Planificación de la encarnación

Esta fase tiene lugar en el mundo espiritual, donde la persona reencarnante, junto a sus mentores, planificará su futura encarnación. Como recuerda Kardec en *"El Libro de los Espíritus"*, solo se planifican los grandes acontecimientos de la existencia, aquellos que realmente pueden influir en el destino de la criatura: el matrimonio, los hijos, la profesión, el tiempo medio de vida en la Tierra y las principales enfermedades kármicas están bien definidos en este período. André Luiz también demuestra que así se pueden precisar detalles más importantes del futuro organismo. Se trata de los mapas cromosómicos, descritos por el autor, que traducen la herencia genética del padre y de la madre, y que determinarán las características hereditarias de la persona reencarnada.

2da Fase: Contacto fluidico con los padres

Esta es la fase en la que la persona reencarnante, en contacto más estrecho con sus futuros padres, se prepara para su nueva existencia. André Luiz destaca la importancia de esta etapa en la que el espíritu permanece en el proceso de conexión directa con los padres. A medida que se intensifica esa proximidad, la persona reencarnante pierde puntos de contacto con la esfera espiritual.

3ʳᵃ Fase: Conexión del espíritu a la materia

LA REDUCCIÓN PERISPIRITUAL – A través de un proceso magnético automático o dirigido por técnicos especializados, el espíritu comienza a sufrir una reducción en el cuerpo espiritual, debido a la reducción de los espacios intermoleculares. Pierede "materia psi", y alcanzando un tamaño pequeño (en el caso estudiado por André Luiz, el tamaño de un recién nacido) se acoplará al centro genético de la madre.

SELECCIÓN DEL ESPERMATOZOIDE – Acoplado al centro genético de la futura madre, el reencarnante miniaturizado espera la relación sexual para desencadenar la reencarnación misma. Tras la explosión de los espermatozoides, liberados en la relación sexual, uno de ellos será "elegido" y debidamente magnetizado para completar la carrera y llegar a las trompas de Falopio donde se encuentra el óvulo. Esta magnetización de los espermatozoides que deben ganar la carrera la realizan a menudo técnicos espirituales que seleccionan el gameto que aporta la carga genética adecuada, según los mapas cromosómicos previamente esbozados. Cuando la persona reencarnada, por su pasado, no merece un equipo especializado, el proceso solo se desarrolla según los principios de la sintonía magnética; su periespíritu, por su parte, atrae a los espermatozoides que mejor se adaptan a sus necesidades evolutivas.

FECUNDACIÓN – Al llegar al tercio superior de la trompa de Falopio, el gameto masculino encontrará al óvulo y lo fertilizará. En ese preciso momento el espíritu reencarnante, que está adaptado al sistema genital, se conecta magnéticamente al óvulo, no pudiendo ser reemplazado por otro espíritu.

4ª Etapa: Formación del feto

Comienza con la fecundación y continúa hasta el nacimiento. Este es el período de múltiples divisiones celulares que darán lugar al embrión y luego al feto. En esta fase, la persona reencarnante crea, a través de su periespíritu, un campo magnético que actuará como un molde donde las células físicas se ajustarán. A semejanza de una colmena que poco a poco se va llenando, el cuerpo espiritual, modelo vigoroso, actuará como llama entre limaduras de hierro, dando forma consistente al futuro cuerpo físico. André Luiz explica que los primeros 21 días después de la fecundación – momento en que se forman los órganos y sistemas –, son sumamente importantes para la constitución del futuro cuerpo, por lo que la asistencia espiritual es muy intensa.

5ª Fase: Adaptación a la vida

El proceso de encarnación, según André Luiz, no se completa al nacer, sino solo a los siete años de edad, cuando se produce la plena integración de la persona reencarnada con los instrumentos físicos.

El Libro de los Espíritus (Libro Segundo, capítulo VI, inciso V – Elección de las pruebas) – Allan Kardec, FEB.

Misioneros de la Luz (caps. 13 y 14) – André Luiz/Francisco Cândido Xavier, FEB.

Evolución en dos Mundos (Primera parte, capítulo IX) – André Luiz/ Francisco Cândido Xavier/Waldo Vieira, FEB.

PREDISPOSICIÓN A LA DEPENDENCIA QUÍMICA

ESTUDIOS EPIDEMIOLÓGICOS muestran que alrededor del 50% del riesgo de desarrollar una adicción está determinado genéticamente. Las drogas actúan directamente sobre el cerebro; los neurotransmisores reaccionan a las drogas; la reacción del cerebro es diferente de una persona a otra. Así, hay personas que al probar la sustancia por primera vez obtienen una reacción sumamente placentera e inmediatamente adictiva. Los estudios revelan que la adicción es causada en gran parte por esta condición preexistente en el cerebro. El problema es que una persona solo sabe que la tiene cuando está expuesta a la droga y la adicción ya se ha instalado.

Además de la condición genética, también existe el perfil psicológico del individuo, que favorece la aparición de dependencia: depresión, ansiedad, comportamiento antisocial, trastorno antisocial, trastorno de personalidad o trastorno de déficit de atención/hiperactividad. Según estudios epidemiológicos, cerca del 35% de las personas adictas a opioides o estimulantes padecen depresión y/o trastornos de ansiedad. Por tanto, es muy difícil distinguir y separar el fenotipo adictivo del trastorno de conducta.

Por otro lado, es posible que factores genéticos indirectos estén vinculados a la predisposición a tener una personalidad adictiva (volverse adicto). Existe evidencia que ciertos rasgos de personalidad pueden tener una base genética que predispone a la adicción; la impulsividad y la falta de control inhibitorio, por ejemplo, son perfiles que facilitan que el individuo pruebe la droga.

Con esto, los investigadores están comenzando a desafiar la noción popular que la adicción a las drogas es simplemente el resultado de malas decisiones. La impulsividad y la búsqueda de novedad son las características de personalidad en general más asociadas con el evento inicial de consumo de drogas y pueden llevar rápidamente a un individuo con predisposición genética a conductas adictivas. Estas características desempeñan un papel análogo al de la escopeta al señalar el inicio de una carrera: sin ellas, el individuo nunca habría empezado a correr en primer lugar.

www.scientificamerican.com.

Trastornos psiquiátricos y obsesivos – Manoel Philomeno de Miranda/Divaldo Franco, Leal.

La psiquiatría frente a la Reencarnación – Inácio Ferreira, FEESP.

TRANSCOMUNICACIÓN

LA TRANSCOMUNICACIÓN Instrumental (TCI) es el nombre de la comunicación entre encarnados y desencarnados a través de dispositivos electrónicos como, por ejemplo, la radio, la televisión, el teléfono y la computadora. El nombre se extiende también al estudio, las técnicas aplicadas y las investigaciones que se han realizado en este campo.

[ ]

Instituto de Investigación Avanzada en Instrumentos de Transcomunicación – www.ipati.org.br.

Transcomunicación a través del tiempo – Hemani Guimaraes Andrade, Falha Espfrita.

Transcomunicación Instrumental – Espiritismo y Ciencia – Sonia Rinaldi, DPL.

EURÍPEDES BARSANULFO

NACIÓ EL 1 DE MAYO DE 1880, en el pequeño pueblo de Sacramento, estado de Minas Gerais, y desencarnó en el mismo lugar a la edad de 38 años, muy temprano Eurípedes Barsanulfo manifestó una profunda inteligencia y un alto sentido de la responsabilidad, riqueza adquirida naturalmente a través de las experiencias de vidas pasadas. Aun muy joven, por ser sumamente estudioso y mostrar tendencias hacia la enseñanza, fue encomendado por su maestro de escuela para enseñar a sus propios compañeros.

Respetable representante político de su comunidad, se convirtió en secretario de la Hermandad de San Vicente de Paul, habiendo participado activamente en la fundación del diario Gazeta de Sacramento y del Liceu Sacramentano. Pronto se vio elevado a la posición natural de líder, debido a su orientación segura respecto de los verdaderos valores de la vida. A través de información proporcionada por uno de sus tíos, tomó conocimiento de la existencia de fenómenos espirituales y de las obras de codificación kardeciana. Ante los hechos, volcó por completo sus actividades a la nueva Doctrina, investigando por todos las formas y medios, hasta disipar por completo sus dudas. Despertado y convencido, se convirtió sin demora y sin desvanecerse, identificándose plenamente con los ideales que abrazó. En una actitud sincera y peculiar hacia tu personalidad, buscó al vicario de la iglesia principal donde colaboraba, poniéndole a disposición el puesto de secretario de la Hermandad. Este hecho tuvo un gran impacto entre los habitantes de la ciudad e incluso entre sus familiares. A los pocos días empezó a sufrir consecuencias de su actitud incomprendida.

Continuó enseñando y entre sus materias incluyó la enseñanza del Espiritismo, provocando reacción entre mucha gente de la ciudad; fue abordado por los padres de los estudiantes, quien incluso le ofrecieron dinero para volver a la nueva materia, y ante su negativa, los estudiantes fueron eliminados uno por uno.

Bajo presiones de todo tipo y persecuciones despiadadas, Eurípedes sufrió graves traumas, retirándose para recibir tratamiento y recuperación en una ciudad vecina, en un momento en que florecían en él varias facultades mediúmnicas, especialmente la curación, que lo despertaban a la vida misionera. Uno de los primeros casos de curación se produjo precisamente con su propia madre, quien una vez recuperada se convirtió en una valiosa consejera en su labor. Ayudaba a todos, sin distinción de clase, credo o color; Allí donde era necesaria su presencia, él estaba allí, hubiera condiciones materiales o no.

No tardó en sentir la necesidad de difundir el Espiritismo, aumentando el número de sus seguidores. Para ello fundó el Grupo Espírita "Esperanza y Caridad", en 1905, tarea en la que contó con el apoyo de sus hermanos y algunos amigos, comenzando a desarrollar una interesante labor, tanto en el campo doctrinario como en las actividades de asistencia social.

El 19 de abril de 1907 fundó el Colegio Allan Kardec, que se convirtió en un verdadero hito en el campo de la enseñanza. Este instituto se hizo conocido en todo el Brasil, habiendo funcionado ininterrumpidamente bajo su dirección desde su inauguración, con un promedio de 100 a 200 estudiantes, hasta el 18 de octubre de 1918, cuando se vio obligado a cerrar sus puertas por algún tiempo, debido a la epidemia de gripe española que azotó el país.

Barsanulfo siguió con dedicación las máximas de Jesucristo hasta el último momento de su vida terrena, durante la epidemia de gripe que asoló el mundo ese año, cobrando vidas, sembrando lágrimas y angustias, redoblando la obra del gran misionero.

Manifestada en nuestro continente, llegó a encontrarlo junto al lecho de sus enfermos, ayudando a cientos de familias pobres. Había llegado al final de su misión terrenal. Agotado por el esfuerzo realizado, falleció el 19 de noviembre de 1918, a las 18 horas, rodeado de familiares, amigos y discípulos. El Sacramento en plenitud, en una verdadera peregrinación, acompañó su cuerpo material hasta la tumba, sintiéndose resucitado a una vida más elevada y sublime.

[ ]

www.espiritismogi.com.br/biografias/euripedes.htm.

Eurípedes, Hombre y Misión – Corina Novelino, Instituto de Difusao Espírita.

Eurípedes Barsanulfo, el Apóstol de la Caridad – Jorge Rizzini, Correoia Fraterno.

HEIGORINA CUNHA

NADA MEJOR QUE EL TESTIMONIO de la misma Heigorina para brindar conocimiento de su historia y aspectos de su labor mediúmnica, especialmente en lo que respecta a la difusión de información sobre la Colonia Nuestro Hogar, contenida en la obra *Ciudad del Más Allá*.

"Nací, el 16 de abril de 1923, una niña normal, y durante algún tiempo gocé, como cualquier otra, de una gran robustez. Una mañana, me desperté triste y demacrada. Mi madre me dio todos los cuidados, empleando, desde luego, todos los recursos necesarios para sacarme de esa situación casi inesperada postración. Sin embargo, atendiendo a la armonía de las Leyes del Universo comenzó ese día, 23 de abril de 1924, un proceso de renovación que debía alcanzarme a mí y a toda la comunidad de apoyo terrenal que gocé, en un despliegue de infinitas lecciones inolvidables y extremadamente útiles. Y empezó ahí, en aquellos pacíficos días del pasado, un proceso de regeneración que nos llegó a través de una parálisis infantil. Desde pequeña ya estaba enamorada del cielo, el cual tenía para mí una atracción inusual. Durante el día seguía las nubes y su metamorfosis continua de cambios en las que buscaba descubrir figuras de personas y cosas; por la tarde tenía una reunión justo con la puesta del Sol para embelesarme en su espectáculo de colores y, por la noche, me fascinaban las estrellas lejanas sin poder; sin embargo, descifrar su significado y grandeza. Es que, inmovilizada por la parálisis, atada a una silla o la cama, siempre le pedía a mi madre que me pusiese en la ventana para que pueda vislumbrar el mundo exterior. Y, a través de esa abertura iluminada, hasta el día de hoy, me siento atrapada en la contemplación del firmamento. En las ensoñaciones que nacían en esta sublime contemplación, invariablemente surgían preguntas:

¿cómo podría caminar? ¿Dónde se podrían encontrar fortalezas y recursos inusuales para superar los impedimentos generados por la enfermedad? ¿Cómo podría Dios, nuestro Padre, ayudarme más de cerca?

Fue cuando, con voluntad de superar las dificultades y confiando en Dios, comencé a sentir la presencia de bienhechores espirituales a mi lado, adquiriendo la convicción que, con su ayuda, habría que encontrar una solución. Adquirí la certeza que el pensamiento es fuerza, fuerza creativa y que esta fuerza, por voluntad de Dios, con el apoyo de amigos espirituales, podía dar vida a mi pierna paralítica y podía caminar.

Después de largos años de esfuerzos por poner en práctica los ejercicios físicos y mentales recomendados por los espíritus que me ayudaron, llegué a mi juventud, caminando apoyada en un bastón bendito y agradeciendo la bendición de la vida a mi alrededor, al lado de mis queridos padres., Ataliba Jose da Cunha y Euridice Miltan Cunha (Siñáziña).

La dedicación y sensibilidad de mi madre me ayudaron a liberarme de complejos psicológicos que suelen acompañar los procesos de regeneración a los que deben someterse muchas criaturas, como yo, en el desarrollo de las lecciones de la vida, y, jovencita, me sentí como una persona normal, como cualquier otra, con la vida sonriendo a mi alrededor, a mi alrededor y con el alegría de superar la parálisis.

Los años de felicidad juvenil; sin embargo, llegaron a su fin el 2 de noviembre de 1961, cuando mi madre, mi mayor apoyo, y el verdadero bastón que me apoyaba en la lucha, regresó al Mundo Mayor dejándome a mi cuidado. Con una hermana soltera, papá estuvo inmovilizado en cama durante seis años, debido a un accidente. Huérfano, como nosotros, por la partida física de ese corazón generoso que protegía nuestra existencia, papá comenzó a depender de nosotros, sus hijos que lo rodeaban, hasta que, en 1971, él también regresó al mundo más grande. Canto estas partes de mi vida sin ninguna idea de aprecio personal, sino para demostrar a los queridos lectores que la Doctrina Espírita es una fuente inagotable de fuerza creativa y vivificante, en la que podemos bañar nuestra alma para liberarnos de las heridas que tienden a abrirse en los corazones desanimados por las realidades naturales de la vida.

Fue en 1962, casi un año después de la partida de mi madre, en una tarde templada, cuando contemplaba melancólicamente el atardecer, sentía más claramente su presencia y, a partir de entonces, comencé a penetrar con mayor frecuencia en los dos planos de la vida. Pero fue el 2 de marzo de 1979 cuando viví la experiencia más fascinante de mi vida. Me vi saliendo de mi cuerpo, guiado por un espíritu que no pude identificar, dirigiéndome hacia una ciudad espiritual que luego supe era la ciudad 'Nuestro Hogar, de la cual André Luiz, en el libro que lleva el mismo nombre, pinta un perfil magnífico y esclarecedor.

Vi la ciudad con cierto detalle, guardando, al despertar, todos los recuerdos de la experiencia de esa maravillosa noche que fue interrumpida, a media mañana, cuando el espíritu que me acompañaba me invitó a que regrese a la Tierra.

No podía perder de vista tan hermoso acontecimiento y, por eso, decidí dibujar, retratando lo que pude ver en esa rápida visita. Por favor aclaro que no soy diseñadora, por lo tanto, los dibujos que realicé, tratando de retratar lo que vi, no pueden tener pretensiones técnicas.

No basta con reflejar plenamente la belleza de las formas grabadas en el papel.

A pesar de ello, hice el dibujo y lo guardé sin revelar nada a nadie. Después de tres años, la experiencia se repitió, con más claridad, y pude ver más allá de lo que había visto, mientras caminaba por la ciudad, sumergiéndome en los detalles de su paisaje. El amigo espiritual que me guiaba me dejó en un departamento de la ciudad y se dirigió a otro, para realizar las tareas que le habían sido asignadas. Me quedé esperándolo y, tiempo después, me llamaron a través de un dispositivo de comunicación interna, a manera de teléfono, para informarme que debía quedarme en esa sección y no ir hacia donde él estaba, en las cámaras, donde había mucho sufrimiento.

Me desperté con una sacudida repentina en mi cuerpo, sintiendo todavía una especie de mareo por voluntad propia, pero plenamente consciente de todo lo que había visto. De este viaje salió el segundo dibujo o planta baja de la ciudad 'Nuestro Hogar, que corresponde al Plan Piloto, como luego explicó Francisco Cándido Xavier (nuestro querido Chico).

Debo aclarar, sin embargo, que, si bien la forma es cierta, la ciudad no se limita al número de casas y manzanas indicadas en el dibujo sólo con fines ilustrativos, ya que es una ciudad de vastas dimensiones, que alberga alrededor de un millón de habitantes.

Emocionada por el segundo dibujo, se lo mostré a algunas de mis personas más cercanas y de mayor confianza. Uno de ellos era un primo, quien le llevó la noticia a Francisco Cândido Xavier. El amable médium de Uberaba se interesó y me pidió que le llevara los dibujos, y cuál fue mi sorpresa cuando me di cuenta de que se trataba del pueblo de 'Nuestro Hogar', correspondiendo exactamente a su forma.

Alentado por su cariño y comprensión, intenté graficar otros detalles de la ciudad. Lo puse en manos de Francisco Cândido Xavier, quien generosamente se encargó de los detalles adicionales del envío y entrega del material al Instituto de Difusión Espírita, de Araras, que finalmente lo editó.

En esta ocasión debo agradecer a Dios y a los buenos espíritus por la participación que tuve en este trabajo, disculpándome, incluso ante los lectores, por las naturales deficiencias impuestas por mis limitaciones personales."

Heigorina Cunha – Entrevista en Sacramento, 4 de febrero de 1983.

www.comunidadeespirita.eom.br/biografias.

Grandes Éxitos de Zibia Gasparetto

Con más de 20 millones de títulos vendidos, la autora ha contribuido para el fortalecimiento de la literatura espiritualista en el mercado editorial y para la popularización de la espiritualidad. Conozca más éxitos de la escritora.

Romances Dictados por el Espíritu Lucius

La Fuerza de la Vida

La Verdad de cada uno

La vida sabe lo que hace

Ella confió en la vida

Entre el Amor y la Guerra

Esmeralda

Espinas del Tiempo

Lazos Eternos

Nada es por Casualidad

Nadie es de Nadie

El Abogado de Dios

El Mañana a Dios pertenece

El Amor Venció

Encuentro Inesperado

Al borde del destino

El Astuto

El Morro de las Ilusiones

¿Dónde está Teresa?

Por las puertas del Corazón

Cuando la Vida escoge

Cuando llega la Hora

Cuando es necesario volver
Abriéndose para la Vida
Sin miedo de vivir
Solo el amor lo consigue
Todos Somos Inocentes
Todo tiene su precio
Todo valió la pena
Un amor de verdad
Venciendo el pasado

Otros éxitos de Andrés Luiz Ruiz y Lucius

Trilogía El Amor Jamás te Olvida
La Fuerza de la Bondad
Bajo las Manos de la Misericordia
Despidiéndose de la Tierra
Al Final de la Última Hora
Esculpiendo su Destino
Hay Flores sobre las Piedras
Los Peñascos son de Arena

Otros éxitos de Gilvanize Balbino Pereira

Linternas del Tiempo

Los Ángeles de Jade

El Horizonte de las Alondras

Cetros Partidos

Lágrimas del Sol

Salmos de Redención

El Hombre que había vivido demasiado

Libros de Eliana Machado Coelho y Schellida

Corazones sin Destino

El Brillo de la Verdad

El Derecho de Ser Feliz

El Retorno

En el Silencio de las Pasiones

Fuerza para Recomenzar

La Certeza de la Victoria

La Conquista de la Paz

Lecciones que la Vida Ofrece

Más Fuerte que Nunca

Sin Reglas para Amar

Un Diario en el Tiempo

Un Motivo para Vivir

¡Eliana Machado Coelho y Schellida, Romances que cautivan, enseñan, conmueven y pueden cambiar tu vida!

Romances de Arandi Gomes Texeira y el Conde J.W. Rochester

El Condado de Lancaster

El Poder del Amor

El Proceso

La Pulsera de Cleopatra

La Reencarnación de una Reina

Ustedes son dioses

Libros de Marcelo Cezar y Marco Aurelio

El Amor es para los Fuertes

La Última Oportunidad

Nada es como Parece

Para Siempre Conmigo

Solo Dios lo Sabe

Tú haces el Mañana

Un Soplo de Ternura

Libros de Vera Kryzhanovskaia y JW Rochester

La Venganza del Judío

La Monja de los Casamientos

La Hija del Hechicero

La Flor del Pantano

La Ira Divina

La Leyenda del Castillo de Montignoso

La Muerte del Planeta

La Noche de San Bartolomé

La Venganza del Judío

Bienaventurados los pobres de espíritu

Cobra Capela

Dolores

Trilogía del Reino de las Sombras

De los Cielos a la Tierra

Episodios de la Vida de Tiberius

Hechizo Infernal

Herculanum

En la Frontera

Naema, la Bruja

En el Castillo de Escocia (Trilogía 2)

Nueva Era

El Elixir de la larga vida

El Faraón Mernephtah

Los Legisladores

Los Magos
El Terrible Fantasma
El Paraíso sin Adán
Romance de una Reina
Luminarias Checas
Narraciones Ocultas
La Monja de los Casamientos

Libros de Elisa Masselli
Siempre existe una razón
Nada queda sin respuesta
La vida está hecha de decisiones
La Misión de cada uno
Es necesario algo más
El Pasado no importa
El Destino en sus manos
Dios estaba con él
Cuando el pasado no pasa
Apenas comenzando

**Libros de Vera Lúcia Marinzeck de Carvalho
y Patricia**

Violetas en la Ventana

Viviendo en el Mundo de los Espíritus

La Casa del Escritor

El Vuelo de la Gaviota

**Vera Lúcia Marinzeck de Carvalho
y Antonio Carlos**

Amad a los Enemigos

Esclavo Bernardino

la Roca de los Amantes

Rosa, la tercera víctima fatal

Cautivos y Libertos

Deficiente Mental

Aquellos que Aman

Cabocla

El Ateo

El Difícil camino de las drogas

En Misión de Socorro

La Casa del Acantilado

La Gruta de las Orquídeas

La Última Cena

Morí, ¿y ahora?

Las Flores de María

Nuevamente Juntos

Libros de Mônica de Castro y Leonel

A Pesar de Todo

Con el Amor no se Juega

De Frente con la Verdad

De Todo mi Ser

Deseo

El Precio de Ser Diferente

Gemelas

Giselle, La Amante del Inquisidor

Greta

Hasta que la Vida los Separe

Impulsos del Corazón

Jurema de la Selva

La Actriz

La Fuerza del Destino

Recuerdos que el Viento Trae

Secretos del Alma

Sintiendo en la Propia Piel

World Spiritist Institute

www.ingramcontent.com/pod-product-compliance
Lightning Source LLC
LaVergne TN
LVHW041803060526
838201LV00046B/1104